汽车底盘构造与维修

一体化工作页

◎主　编　黄影航　李国君　李善吾
◎副主编　蒙利武　蒙之锐　覃　剑
◎参　编　杨　帆　宁　斌　梁　胜　周华桂　梁新宁
　　　　　卢海瑶　唐梦双　陈乐毅　黄冠静　陈光倍　黄玉琅

電子工業出版社·

Publishing House of Electronics Industry

北京·BEIJING

内 容 简 介

本工作页与《汽车底盘构造与维修一体化教材》一书配套使用,编排顺序与主教材体系一致。本工作页主要内容包括认识汽车底盘、传动系统、行驶系统、转向系统、制动系统的构造和工作原理,以及典型零部件的拆装、调整和检修方法等。

学生在完成专业技能实训操作后,可以巩固相应的专业理论知识。每个主要的项目都有考核,便于教师及时掌握学生的专业技能水平,在教学中能把教、学、做、考有机地结合在一起。本工作页按照汽车维修企业的规范操作流程,使学生在教师的引导下完成学习任务;同时融入思政内容,引导学生遵守相关法律法规、职业道德,并引导学生对专业技能精益求精,弘扬大国工匠精神。

本书可作为中、高等职业院校,技工院校汽车类专业的教学用书,也可供有关技术人员参考、学习、培训使用。

图书在版编目(CIP)数据

汽车底盘构造与维修一体化工作页 / 黄影航,李国君,李善吾主编. —北京:电子工业出版社,2022.6

ISBN 978-7-121-43485-3

Ⅰ. ①汽… Ⅱ. ①黄… ②李… ③李… Ⅲ. ①汽车－底盘－结构－职业教育－教学参考资料②汽车－底盘－车辆修理－职业教育－教学参考资料 Ⅳ. ①U463.1②U472.41

中国版本图书馆 CIP 数据核字(2022)第 085037 号

责任编辑:张　凌　　　　　　　特约编辑:田学清
印　　刷:三河市君旺印务有限公司
装　　订:三河市君旺印务有限公司
出版发行:电子工业出版社
　　　　　北京市海淀区万寿路 173 信箱　　　邮编　100036
开　　本:880×1230　　1/16　　印张:9.25　　字数:185.6 千字
版　　次:2022 年 6 月第 1 版
印　　次:2024 年 2 月第 5 次印刷
定　　价:29.00 元

凡所购买电子工业出版社图书有缺损问题,请向购买书店调换。若书店售缺,请与本社发行部联系,联系及邮购电话:(010)88254888,88258888。

质量投诉请发邮件至 zlts@phei.com.cn,盗版侵权举报请发邮件至 dbqq@phei.com.cn。

本书咨询联系方式:(010)88254549,zhangpd@phei.com.cn。

PREFACE

前言

本工作页与《汽车底盘构造与维修一体化教材》一书配套使用。

本工作页的内容紧扣配套教材的目标要求，既注重基础知识的巩固，又强调专业能力的培养。教师可根据工作页指导学生进行专业理论的学习、技能操作训练等；学生不但可以通过工作页巩固所学专业理论知识，而且可以在工作页上补全技能操作步骤，巩固专业技能。本工作页在练习结束后设有任务评价，方便教师对学生的操作技能及时做出评价，提高学生主动学习的积极性；在专业技能考核时增加了思政考核要求，要求学生不仅有精湛的专业技能，还具有良好的职业道德及政治素养。

由于编者水平有限，书中难免有不妥和疏漏之处，敬请广大读者批评指正。

编者

2021 年 12 月

CONTENTS

项目一

认识汽车底盘

任务 了解汽车底盘基本构造

姓名：_____　　　班级：_____　　　日期：_____

复习与思考

填空题

1. 汽车种类繁多，结构各异，汽车一般由_____、_____、_____及_____4个部分组成。

2. 汽车底盘由_____、_____、_____和_____组成。

3. 传动系统的作用是_____。

4. 按结构和传动介质不同，汽车传动系统可分为_____、液力机械传动系统、_____等。

5. 机械传动系统由_____、_____、_____和驱动桥等组成。

6. 离合器的作用是保证换挡平顺，必要时_____传动。

7. 变速器可实现变速、_____、_____、_____传动。

8. 万向传动装置的作用是实现有夹角和_____的两轴之间的动力传动。

9. 主减速器的作用是将动力传给差速器，并实现_____。

10. 差速器的作用是将动力传给半轴，并允许_____。

11. 半轴的作用是将差速器的动力传给_____。

12. _____（FR）是传统的汽车传动系统布置形式，应用广泛，用于各种车辆。_____（FF）多用于轿车，但豪华轿车很少采用。_____（RR）多用于客车。_____（MR）用于跑车、赛车，如法拉利、保时捷、F1赛车。

13．行驶系统的作用是_____

_____。

14．行驶系统由车架、车桥、悬架、车轮等组成，请对照图 1-1 把名称填到相应的位置。

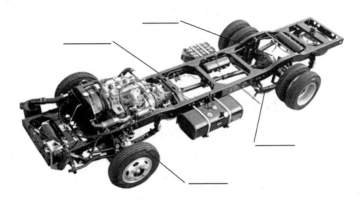

图 1-1　行驶系统构造

15．转向系统的作用是_____。

16．转向系统由_____、_____、_____组成。

17．动力转向系统由油缸、油泵、_____、油管和_____等组成。

18．写出图 1-2 中各零部件的名称。

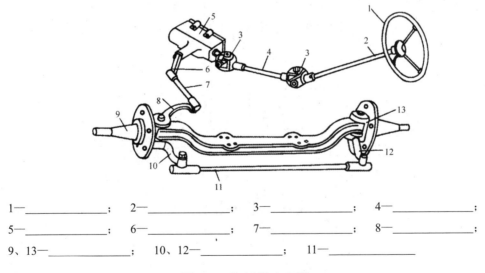

1—_____；　2—_____；　3—_____；　4—_____；
5—_____；　6—_____；　7—_____；　8—_____；
9、13—_____；　　10、12—_____；　　11—_____

图 1-2　机械转向系统

19．制动系统的作用是_____

_____

_____。

20．汽车制动系统主要由制动操纵机构、_____、_____和_____组成。较为完善的制动系统还具有_____、_____、压力保护装置等附加装置。

21．随着电子技术的不断发展，越来越多的新电子控制技术被应用于汽车。许多新的底盘控制技术设备在汽车的_____、_____、_____等方面起着重要的作用。例如，全电路制动系统（BBW，Brake-By-Wire）、汽车转向控制系统（RWS、ESPⅡ等）、_____（ADC、ARC等）及现在发展起来的汽车底盘线控技术（线控换挡系统、制动系统、悬架系统、增压系统、油门系统和转向系统等）。加上汽车_____总线的应用、42V电压技术的研究、_____的研究都会带动汽车底盘控制技术向更高层次发展。如今汽车底盘控制技术正向_____、信息化、_____、_____方向发展。

22．全电路制动系统（BBW）是一种_____，系统结构如图1-3所示。BBW是一种新型的_____系统，它采用嵌入式总线技术，可以与防抱死制动系统（ABS）、_____（TCS）、_____（ESP）、主动防撞系统（ACC）等汽车主动安全系统更加方便地协同工作，通过优化微处理器中的控制算法，可以精确地调整制动系统的工作过程，提高_____，加强汽车的制动安全性能。BBW以电能为能量来源，通过电机或电磁铁驱动制动器。因此，BBW的结构简单，更趋向于模块化，安装和维修更简单方便。

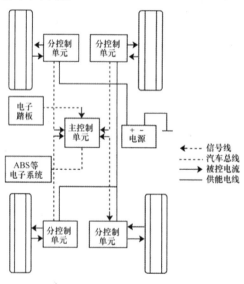

图1-3　全电路制动系统结构

23．后轮转向系统（RWS）能主动让汽车两个后轮的横拉杆相对于车身做侧向运动，使两个后轮之间产生一个转向角。RWS由_____、_____和_____等组成。

当汽车低速行驶时，转向盘的执行机构给后轮一个相应方向相反的转向角，从而使汽

车在低速拐弯或停车时，_____。当汽车高速行驶时，给后轮一个与前轮转向角方向一致的转向角。汽车的前后轮同时向同一方向转向，可提高_____。当汽车在 L2 路面制动时，同系统相配合，可及时通过主动后轮转向角来平衡制动力所产生的横摆力矩，既能保持汽车的方向稳定性，又能最大限度地利用前轮的制动力，改进汽车的制动性能。

24．ESPⅡ 即 ESP Plus。ESPⅡ 在对轿车的行驶状态进行干涉时，只是通过对_____。乘员能够感觉到由脉冲制动力引起的轿车振动。ESPⅡ能够识别_____。当汽车在路面两侧附着系数不同的对开路面上制动时，它有朝着路面附着系数较大的一侧转动的趋势，即出现"制动器拉动"现象，在这种情况下，ESPⅡ能够通过转向轮朝路面附着系数较小的一侧做适当的转向转动，以平衡"制动器拉动"的趋势。

25．主动悬架阻尼器控制系统（ADC）由_____、CAN、4 个_____传感器、4 个_____传感器和 4 个阻尼器比例阀组成。根据汽车的运动状况及传感器信号，电子控制单元计算出每个车轮悬架阻尼器的最优阻尼系数，对阻尼器比例阀进行相应的调节，_____，抑制车辆的变化等，使汽车的悬架系统能提供更好的_____。

判断题

1．RWS 能主动让汽车两个前轮的横拉杆相对于车身做侧向运动，使两个前轮之间产生一个转向角。　　　　　　　　　　　　　　　　　　　　（　）

2．BBW 以电能为能量来源，通过电机或电磁铁驱动制动器。　　　（　）

3．当汽车低速行驶时，转向盘的执行机构给后轮一个相应方向相反的转向角。　　　　　　　　　　　　　　　　　　　　　　　　　　　　（　）

4．蓝牙技术作为一种新的短距离无线通信技术，在汽车底盘控制系统的应用中有着巨大的市场潜力。　　　　　　　　　　　　　　　　　　（　）

5．ABS/ASR 装置成功地解决了汽车在制动和驱动时的方向稳定性问题。（　）

6．驱动桥是行驶系统的一个重要组成部分。　　　　　　　　　　（　）

7．转向灯不是转向系统的组成部分。　　　　　　　　　　　　　（　）

8．驱动力大于各种阻力之和，汽车将加速行驶。　　　　　　　　（　）

9．在汽车行驶过程中，驱动力大于各种阻力之和，必须小于附着力。（　）

10．汽车轮胎打滑是因为附着力太小。　　　　　　　　　　　　　（　）

选择题

1. 汽车底盘的组成包括传动系统、行驶系统、转向系统和（ ）。
 A．电源系统 B．点火系统
 C．燃油供给系统 D．制动系统

2. 用来将发动机的动力传输给各驱动轮的系统是（ ）。
 A．传动系统 B．行驶系统
 C．转向系统 D．制动系统

3. 用来支承整车质量、传递和承受路面作用于车轮的各种力和力矩，并缓和冲击、吸收振动，以保证汽车在各种条件下正常行驶的系统是（ ）。
 A．传动系统 B．行驶系统
 C．转向系统 D．制动系统

4. 使得车减速或停车，并保证驾驶员离去后汽车可靠地停驻的系统是（ ）。
 A．传动系统 B．行驶系统
 C．转向系统 D．制动系统

5. 保证汽车能够按照驾驶员选定的方向行驶的系统是（ ）。
 A．传动系统 B．行驶系统
 C．转向系统 D．制动系统

6. 下列简写中属于发动机前置前轮驱动的是（ ）。
 A．FR B．FF
 C．RR D．MR

7. 下列简写中属于发动机前置后轮驱动的是（ ）。
 A．FR B．FF
 C．RR D．MR

 专业技能实训

认识汽车各系统的构造，并完成相关作业。

一 汽车底盘

汽车底盘负责支承、安装汽车发动机及其各部件、总成，形成汽车的整体造型，并接

收发动机的动力，使汽车产生运动，保证正常行驶。汽车底盘由_____、_____、_____和_____4个部分组成。

二、全轮驱动传动系统

全轮驱动传动系统主要由离合器、变速器、前万向传动装置、后万向传动装置、分动器及半轴等零部件组成。

请标出图1-4中各零部件的名称：1_____；2_____；3_____；4_____；5_____；6_____；7_____；8_____。

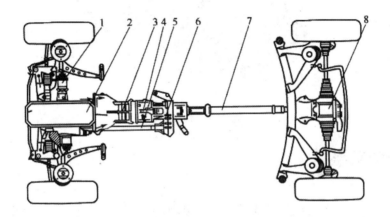

图1-4　全轮驱动传动系统

三、机械传动系统

机械传动系统一般由离合器、变速器、万向传动装置、主减速器、差速器和半轴等零部件组成。

请填写图1-5中有引出线的零部件的名称。

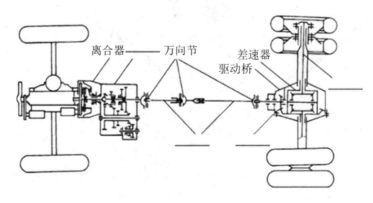

图1-5　机械传动系统

四、行驶系统

行驶系统是将汽车各部件总成连接成一个整体的机械系统，行驶系统由车架、车桥、悬架、车轮等组成。

请填写图 1-6 中有引出线的零部件的名称。

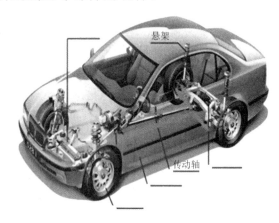

悬架

传动轴

图 1-6　行驶系统

五、动力转向系统

动力转向系统是用驾驶员体力和发动机动力作为动力源的转向系统，是在机械转向系统的基础上增加一套动力装置而构成的，主要由转向油泵、转向油管、转向器、转向拉杆等零部件组成。

请填写图 1-7 中有引出线的零部件的名称。

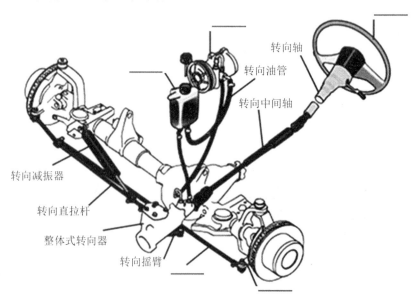

转向轴

转向油管

转向中间轴

转向减振器

转向直拉杆

整体式转向器

转向摇臂

图 1-7　动力转向系统

六、机械转向系统

机械转向系统是用驾驶员的体力作为转向动力源的，一般由操纵机构、转向器、转向传动机构 3 个部分组成。

请填写图 1-8 中有引出线的零部件的名称。

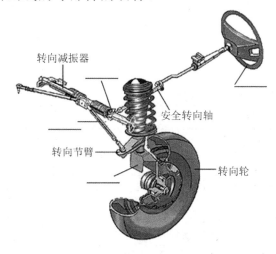

图 1-8　机械转向系统

七、制动系统

为了保证汽车安全行驶，提高汽车的平均行驶车速，提高运输生产率，在各种汽车上都设有专用制动机构。这样的一系列专门装置称为制动系统。

制动系统的主要作用是使行驶中的汽车减速甚至停车、使下坡行驶的汽车速度保持稳定、使已停驶的汽车保持不动。

制动系统主要由供能装置、控制装置、传动装置和制动器 4 个部分组成。

请填写图 1-9 中有引出线的零部件的名称。

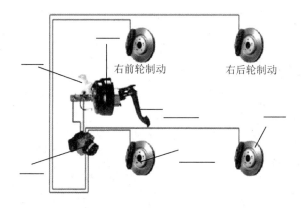

图 1-9　制动系统

 任务评价

教师及学生对本任务学习进行评价

评价内容及评分标准		自我评价（打分）	小组相互评价（打分）	教师评价（打分）
信息收集（15分）	理解任务或问题的程度（5分）			
	收集信息的完整性（5分）			
	对信息（知识）的领会程度（5分）			
制订计划（20分）	计划制订参与程度（10分）			
	计划的合理性及实用性（10分）			
修改计划（15分）	和老师讨论计划（5分）			
	和老师讨论后，是否知道如何改进计划（5分）			
	计划修改后的完整性（5分）			
实施（20分）	是否按计划进行工作（5分）			
	是否亲自实施计划（5分）			
	是否记录工作过程及结果（10分）			
检查（15分）	是否按计划的要求去完成任务（5分）			
	是否达到预期目标（5分）			
	整个工作流程是否与标准流程符合（5分）			
评价（15分）	是否按计划完成了任务或解决了问题（5分）			
	在哪个环节上可以改进（2分）			
	学习团队的合作情况（3分）			
	现场"7S"及劳动纪律（5分）			
总分（100分）				
总评				

项目二

传动系统

任务 1 离合器的构造与拆装检修

姓名：_____ 班级：_____ 日期：_____

复习与思考

一、离合器构造

1. 离合器的组成

离合器由_____组成。

主动部分由_____、压盘等部件组成。离合器盖与飞轮靠螺栓连接，压盘与离合器盖之间靠3～5个_____。

从动部分包括_____

_____。

压紧机构主要由_____组成，可以将压盘和离合器片紧紧地压在飞轮上。

操纵机构主要由_____

_____

和回位弹簧等机件组成，如图2-1所示。

2. 离合器的作用

（1）保证动力的传递，必要时_____。

（2）保证汽车_____。

（3）保证换挡时_____。

（4）防止_____。

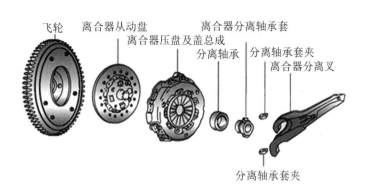

图 2-1　离合器

二、膜片弹簧离合器

填空题

1. 膜片弹簧离合器的构造

膜片弹簧离合器由_____

组成，按图 2-2 将名称填写在相应的位置。

1、3—_____;

2—_____;

4—_____;

5—_____;

6—_____;

7—_____;

8—_____。

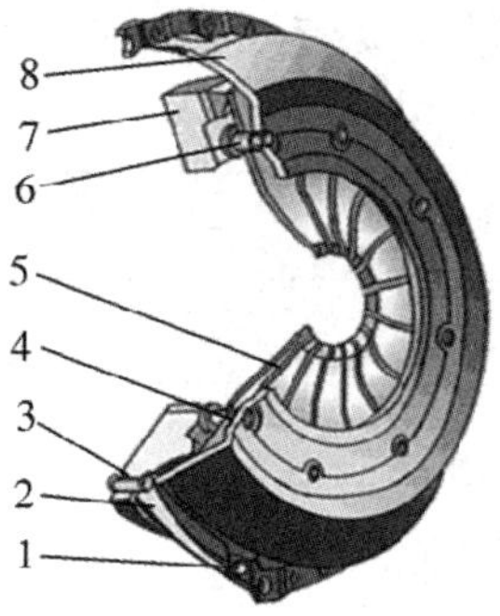

图 2-2　膜片弹簧离合器

2. 膜片弹簧离合器的优点

（1）_____;　　（2）_____;

（3）_____;　　（4）_____;

（5）_____;　　（6）_____。

3. 膜片弹簧离合器的工作原理

由于离合器压盘、离合器盖、膜片弹簧、支承圈、支承固定铆钉、传动片等在通常情况下是一个整体，因此在膜片弹簧的两侧有_____

_____

_____

_____

_____。离合

器安装前的位置图如图 2-3 所示。

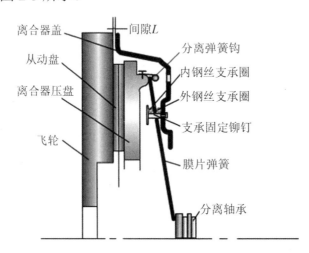

图 2-3 离合器安装前的位置图

当离合器盖安装螺栓紧固后，离合器安装后的位置图如图 2-4 所示，从动盘和离合器

压盘_____

_____

_____。

注意：安装后_____。

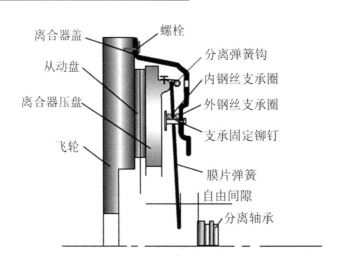

图 2-4 离合器安装后的位置图

工作时，分离轴承推动膜片弹簧内缘前移，_____

_____

_____

_____

_____。离合器工作图如图 2-5 所示。

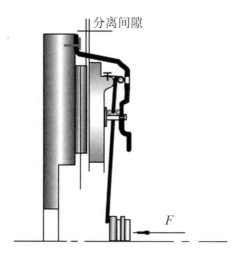

图 2-5　离合器工作图

当需要传递动力时，缓慢抬起离合器踏板，_____

_____

_____

_____

_____。

 判断题

1. 离合器从动盘摩擦片经使用磨损后，离合器的自由间隙及踏板自由行程会变小，应及时调整。　　　　　　　　　　　　　　　　　　　　　　　　（　　）

2. 离合器分离轴承为封闭式，一般不能拆卸清洗或加润滑剂，若损坏应换用新件。
　　　　　　　　　　　　　　　　　　　　　　　　　　　　　　　（　　）

3. 离合器装在发动机与变速器之间，通过离合器的分离与接合，来控制发动机与变速器之间动力的切断与传递。　　　　　　　　　　　　　　　　　　（　　）

4. 前进离合器严重打滑会导致自动变速器无前进挡。　　　　　　　　（　　）

5. 前进离合器油路严重泄漏会导致自动变速器无前进挡。　　　　　　　（　　）

6. 为了保证离合器分离轴承的使用寿命，在分离杠杆的内端与分离轴承之间必须预留一定的间隙。　　　　　　　　　　　　　　　　　　　　　　　　　（　　）

7. 为了保证离合器在传递转矩时处于完全分离状态，当离合器处于分离状态时，在分离杠杆内端与分离轴承之间必须预留一定的间隙。　　　　　　　　　（　　）

8. 离合器摩擦片上沾有油污可使离合器得到润滑。　　　　　　　　　　（　　）

9. 膜片式离合器的膜片弹簧起压紧弹簧和分离杠杆的双重作用。　　　　（　　）

10. 发动机的飞轮是离合器的主动件之一。　　　　　　　　　　　　　　（　　）

11. 新换的摩擦片过厚会造成离合器分离不彻底。　　　　　　　　　　　（　　）

12. 在离合器的工作过程中，不允许从动盘有打滑现象。　　　　　　　　（　　）

13. 离合器液压操纵机构中如果有空气，就会造成离合器分离不彻底。　　（　　）

14. 离合器可以防止传动系统过载。　　　　　　　　　　　　　　　　　（　　）

15. 离合器扭转减振器中的弹簧，在汽车正常行驶时不受力。　　　　　　（　　）

16. 汽车离合器的作用是降低转速，增大扭矩。　　　　　　　　　　　　（　　）

17. 当汽车正常行驶时，离合器处于分离状态。　　　　　　　　　　　　（　　）

18. 膜片弹簧通常起着压紧弹簧的作用，同时起着分离杠杆的作用。　　　（　　）

19. 离合器的从动盘通常和手动变速器输入轴相连。　　　　　　　　　　（　　）

20. 离合器踏板自由行程过大会造成分离不彻底的故障。　　　　　　　　（　　）

选择题

1. 在离合器中与变速器输入轴连接的零部件是（　　　　）。

　　A. 压盘　　　　　　　　　　　　B. 飞轮

　　C. 从动盘　　　　　　　　　　　D. 离合器盖

2. 在离合器中属于主动部件的是（　　　　）。

　　A. 分离叉　　　　　　　　　　　B. 压盘

　　C. 从动盘　　　　　　　　　　　D. 分离轴承

3. 当驾驶员踩下踏板时，分离轴承前移，压在（　　　　）上，使压盘产生一个向后的拉力，当拉力大于压紧弹簧的弹力时，从动盘与飞轮、压盘脱离接触，发动机则停止向变速器输出动力。

　　A. 离合器摩擦片　　　　　　　　B. 压盘

　　C. 膜片弹簧　　　　　　　　　　D. 分离轴承

4．汽车起步时，驾驶员应当（　　）离合器踏板，通过联动件作用在压盘上的拉力逐渐减小，在压紧弹簧的作用下，从动盘与飞轮、压盘的接合程度逐渐增加，摩擦力矩逐渐增大，当摩擦力矩大于汽车通过传动系统作用在从动盘上的阻力扭矩时，从动盘便与飞轮等速转动，汽车起步。

    A．缓慢放松　　　　　　　　　　B．快速放松

    C．根据实际情况放松　　　　　　D．点放松

5．在离合器中对摩擦片磨损量进行检查时，一般用（　　）参数进行判断。

    A．铆钉孔深度　　　　　　　　　B．膜片磨损凹槽深度

    C．端面跳动量　　　　　　　　　D．摩擦片厚度

6．离合器一般由（　　）、压紧装置、分离机构和操纵机构等组成。

    A．被动部分　　　B．分开装置　　　C．从动部分　　　D．分离轴承

7．膜片式离合器中的膜片弹簧既起到压紧弹簧的作用，又起到（　　）的作用。

    A．结构杠杆　　　B．分离叉　　　C．分离杠杆　　　D．摩擦

 专业技能实训

补全操作步骤，并在实训车间完成实际操作。

一、LZ1010 车型离合器的就车拆卸

（1）准备常用工具及专用工具。

（2）在车轮前后放好三角木，如图 2-6 所示。

（3）拆下电瓶负极（注意：_____），如图 2-7 所示。

图 2-6 _____　　　　　图 2-7 _____

（4）分别拆下起动机、_____，拆下变速器选挡杆和换挡杆，如图 2-8～图 2-10 所示。

图 2-8 _____   图 2-9 _____   图 2-10 _____

（5）拆下_____、搭铁线、里程表线、倒挡开关线等连接线，如图 2-11 和图 2-12 所示。

图 2-11 _____   图 2-12 _____

（6）拆卸传动轴与变速器输出轴之间的连接螺栓，卸下传动轴，如图 2-13 所示。注意：_____，以便装配。注意保护好与油封配合的花键轴套_____。

（7）拆卸发电机紧固螺栓、飞轮壳与变速器固定螺栓、挡泥板螺栓，如图 2-14 和图 2-15 所示。

图 2-13 _____   图 2-14 _____   图 2-15 _____

（8）用千斤顶_____（部分车型还要垫好_____），如图 2-16 所示。

（9）拆卸变速器延伸箱支架处的固定螺栓，如图 2-17 所示。

图 2-16 _____　　　　　　　　图 2-17 _____

（10）确认所有紧固连接件被拆卸后，将变速器延伸箱输出轴_____，以防止齿轮油泄漏，从汽车上将变速器拆卸下来，如图 2-18 所示。

（11）从飞轮上拆下离合器固定螺栓，卸下离合器压板总成和摩擦片，如图 2-19 和图 2-20 所示。

图 2-18 _____　　　图 2-19 _____　　　图 2-20 _____

（12）清洁各零部件并摆放整齐，如图 2-21 所示。

图 2-21 _____

三、LZ1010 车型离合器的就车安装

（1）用棉布擦干净飞轮、压盘总成、离合器片上的油污，并用细砂纸轻轻打磨

_____部分，如图 2-22 所示。

（2）将从动盘装在发动机飞轮上，如图 2-23 所示，注意：_____。

图 2-22 _____

图 2-23 _____

（3）用_____将从动盘、压盘总成固定在飞轮上，先用 T 型扳手或套筒扳手拧紧螺栓（见图 2-24），再用扭力扳手分_____，力矩为 25～32N·m。

（4）在分离轴承及输入轴头部抹少许黄油（见图 2-25），装上变速器，并用千斤顶顶住变速器（见图 2-26）。注意：安装前先检查分离轴承及拨叉位置是否到位；装配变速器时应能很轻松地装入，如果安装较困难，_____

_____

图 2-24 _____　　图 2-25 _____　　图 2-26 _____

（5）拧紧变速器连接处的紧固螺栓，力矩为 35～40 N·m，如图 2-27 所示。

（6）安装起动机，拧紧起动机紧固螺栓，力矩为 30～35 N·m，如图 2-28 所示。

（7）拧紧变速器固定支架紧固螺栓、拧紧附件螺栓，支架紧固螺栓力矩为 18～26 N·m，如图 2-29 所示。

 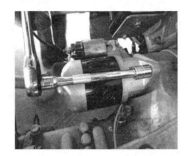 

图 2-27 _____ 图 2-28 _____ 图 2-29 _____

（8）安装传动轴、离合器拉索、选挡杆、换挡杆。安装传动轴时应注意安装标记。

（9）调整离合器的行程。离合器的自由行程调整应以_____。

汽车底盘构造与维修 一体化工作页

 任务评价

教师及学生对本任务学习进行评价

评价内容及评分标准		自我评价（打分）	小组相互评价（打分）	教师评价（打分）
信息收集（15分）	理解任务或问题的程度（5分）			
	收集信息的完整性（5分）			
	对信息（知识）的领会程度（5分）			
制订计划（20分）	计划制订参与程度（10分）			
	计划的合理性及实用性（10分）			
修改计划（15分）	和老师讨论计划（5分）			
	和老师讨论后，是否知道如何改进计划（5分）			
	计划修改后的完整性（5分）			
实施（20分）	是否按计划进行工作（5分）			
	是否亲自实施计划（5分）			
	是否记录工作过程及结果（10分）			
检查（15分）	是否按计划的要求去完成任务（5分）			
	是否达到预期目标（5分）			
	整个工作流程是否与标准流程符合（5分）			
评价（15分）	是否按计划完成了任务或解决了问题（5分）			
	在哪个环节上可以改进（2分）			
	学习团队的合作情况（3分）			
	现场"7S"及劳动纪律（5分）			
总分（100分）				
总评				

任务考核

离合器就车拆装考核评分表

时间：30 分钟　　　　　　　　　　　　　　　　　　　　任课教师签字：

序号	考核内容	配分/分	评分标准	考核记录	扣分/分	得分/分
一	考前准备（5分）	5	备齐所需的工、量具及设备			
二	LZ1010 车型 离合器的就车拆卸（40分）	5	拆卸电瓶负极、起动机			
		5	拆卸曲轴位置传感器里程表线、倒挡开关线			
		5	拆卸传动轴和其他连接件			
		15	拆卸传动轴和变速器			
		10	拆卸离合器压盘总成、摩擦片			
三	LZ1010 车型 离合器的就车安装（45分）	5	清洁各零部件			
		15	安装摩擦片、离合器压盘总成			
		10	安装变速器			
		3	拧紧变速器紧固螺栓			
		2	安装传动轴			
		5	安装其他连接件			
		5	调整离合器的行程			
四	职业素养（10分）	5	课堂纪律			
		2	文明操作			
		3	"7S"管理			
合计		100				

任务 2 变速器的构造与工作原理

姓名：_____ 班级：_____ 日期：_____

复习与思考

填空题

1．变速器的作用是什么？

（1）_____

_____。

（2）_____

_____。

（3）_____

_____。

2．变速器按传动比的变化方式分为_____、_____、_____3 种。

（1）有级式变速器采用齿轮传动，具有_____。

（2）无级式变速器的传动比可在一定的范围内连续变化，常见的有_____。

（3）综合式变速器的传动比可在_____之间的几个间断范围内进行无级变化。综合式变速器由_____

_____组成。

3．按换挡操纵方式的不同，变速器可分为 _____、_____、_____3 种。

4．变速器由_____和_____两大部分组成。

5．三轴五挡变速器有 5 个前进挡和 1 个倒挡，由_____

_____

_____组成。

6．三轴五挡变速器动力传递路线是什么？

（1）一挡的动力传递路线（见图2-30）：_____

_____

_____

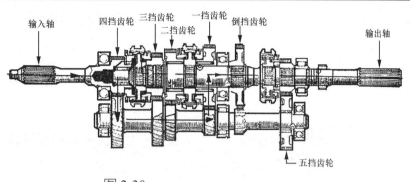

图 2-30 _____

（2）二挡的动力传递路线（见图2-31）：_____

_____

_____

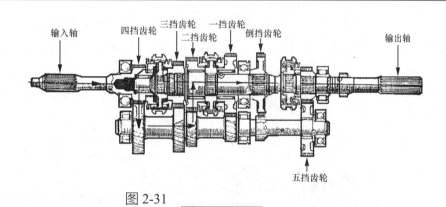

图 2-31 _____

（3）三挡的动力传递路线（见图2-32）：_____

_____

_____

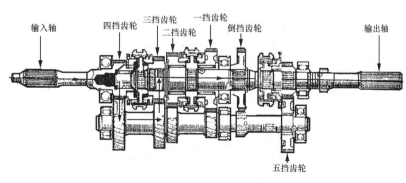

图 2-32 _____

（4）四挡的动力传递路线（见图2-33）：＿＿＿＿＿＿＿＿＿＿＿＿＿＿＿＿＿＿＿

＿＿＿＿＿＿＿＿＿＿＿＿＿＿＿＿＿＿＿＿＿＿＿＿＿＿＿＿＿＿＿＿＿＿＿＿＿。

四挡为直接挡，即此时变速器输出轴输出的转速和发动机的转速是一样的。

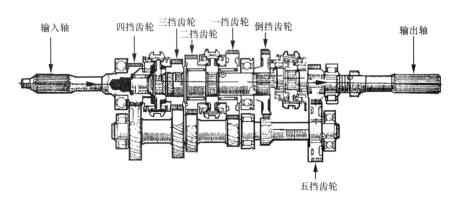

图2-33 ＿＿＿＿＿＿＿

（5）五挡的动力传递路线（见图2-34）：＿＿＿＿＿＿＿＿＿＿＿＿＿＿＿＿＿

＿＿＿＿＿＿＿＿＿＿＿＿＿＿＿＿＿＿＿＿＿＿＿＿＿＿＿＿＿＿＿＿＿＿＿＿＿。

微型车的五挡为超速挡，即此时变速器输出轴输出的转速比发动机的转速高。

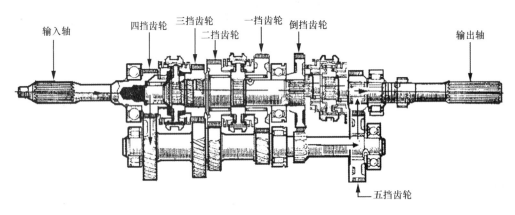

图2-34 ＿＿＿＿＿＿＿

（6）倒挡的动力传递路线（见图2-35）：＿＿＿＿＿＿＿＿＿＿＿＿＿＿＿＿＿

＿＿＿＿＿＿＿＿＿＿＿＿＿＿＿＿＿＿＿＿＿＿＿＿＿＿＿＿＿＿＿＿＿＿＿＿＿

＿＿＿＿＿＿＿＿＿＿＿＿＿＿＿＿＿＿＿＿＿＿＿＿＿＿＿＿＿＿＿＿＿＿＿＿＿

＿＿＿＿＿＿＿＿＿＿＿＿＿＿＿＿＿＿＿＿＿＿＿＿＿＿＿＿＿＿＿＿＿＿＿。

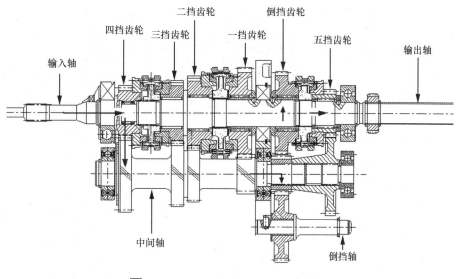

图 2-35 _____

7．两轴五挡变速器的动力传递路线是什么？

（1）一挡的动力传递路线（见图 2-36）：_____

_____

_____ 。

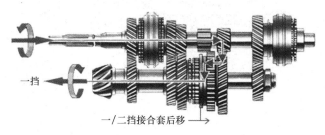

图 2-36 _____

（2）二挡的动力传递路线：_____

_____

_____ 。

（3）三挡的动力传递路线（见图 2-37）：_____

_____

_____ 。

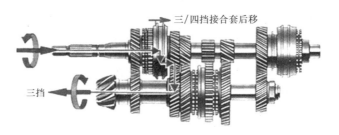

图 2-37 _____

（4）四挡的动力传递路线：_____

_____。

（5）五挡的动力传递路线（见图 2-38）：_____

_____。

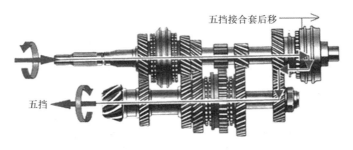

图 2-38 _____

（6）倒挡的动力传递路线（见图 2-39）：_____

_____。

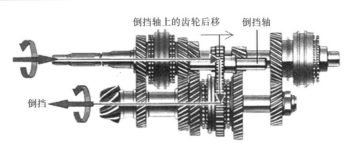

图 2-39 _____

8. 同步器由_____、_____、_____组成。

9. 同步器的作用是_____。

10. 目前常用的惯性式同步器包括_____。

11. 同步器的工作原理是_____

_____

_____。

12. 变速器操纵机构的作用是_____。

13. 为了使变速器可靠工作，变速器操纵机构应满足哪些要求？

（1）设有自锁装置，防止_____。

（2）设有互锁装置，保证_____。

（3）设有倒挡锁，防止_____。

14. 锁止机构的作用是_____。

15. 自锁装置的工作原理是_____

_____

_____。

16. 互锁装置的工作原理是_____

_____

_____。

判断题

1. 变速器某一挡位的传动比既是该挡的降速比，又是该挡的增矩比。　　（　　）

2. 手动变速器自锁装置失效，将导致变速器乱挡。　　（　　）

3. 三轴式手动变速器的输入轴和输出轴同轴。　　（　　）

4. 当空挡时，手动变速器的输入轴和输出轴都不转动。　　（　　）

5. 小齿轮为主动齿轮，当小齿轮带动大齿轮转动时，输出转速降低，传动比小于1。

　　（　　）

6. 两轴式手动变速器适用于发动机前置前轮驱动的布置形式。　　（　　）

7. 变速器传动比小的挡位称为高挡，传动比大的挡位称为低挡。　　（　　）

8. 变速器的主要作用是改变发动机曲轴输出的转速、转矩和转动方向。　　（　　）

9. 变速器每次只能以一个挡位工作。　　（　　）

10. 变速器驱动桥必须通过带等角速度万向节的半轴总成与车轮连接。　　（　　）

11. 变速器缺油会导致挂挡困难。　　（　　）

12. 变速器油规格不对或规格过高容易导致挂挡困难。　　（　　）

13. 同步器式换挡装置可以彻底消除换挡时转速不等而造成的冲击。　　（　　）

14．普通手动变速器是利用不同齿数的齿轮啮合传动来实现转矩和转速的改变的。

（　　）

 选择题

1．能够保证变速器换挡平顺的部件是（　　）。

    A．换挡拨叉   B．接合套

    C．同步器   D．挡位齿轮

2．在变速器中，一挡与二挡齿轮之间安装有（　　）。

    A．一、二挡同步器   B．二、三挡同步器

    C．三、四挡同步器   D．倒挡同步器

3．在柳州五菱微型汽车的五挡变速器中，用来实现五挡或倒挡的同步器是（　　）。

    A．一、二挡同步器   B．三、四挡同步器

    C．五挡同步器   D．五挡、倒挡同步器

4．在三轴式变速器中，属于主动齿轮轴的齿轮轴是（　　）。

    A．输入轴   B．输出轴

    C．中间轴   D．倒挡轴

5．在变速器锁止机构中，能保证变速器不脱挡的机构是（　　）。

    A．自锁机构   B．互锁机构

    C．同步器滑块机构   D．换挡机构

6．在变速器中，为了防止同时挂上2个挡位而设置的机构是（　　）。

    A．自锁机构   B．互锁机构

    C．同步器滑块机构   D．换挡机构

专业技能实训

一、按照维修手册的要求对变速器进行拆装训练，填写工作步骤

（1）拆卸放油螺塞并放油，用专用容器存放放出的变速器齿轮油，如图 2-40 所示。卸下分离轴承：拆卸变速器前端盖螺栓，注意＿＿＿＿＿＿＿＿＿＿＿＿＿＿＿拆卸，如图 2-41 所示。

（2）用套筒扳手拆下换挡箱紧固螺栓，注意拆螺栓时应对角交替拆卸。取出换挡箱总成，如果粘得较紧，可用一字螺丝刀_____，如图 2-42 所示。

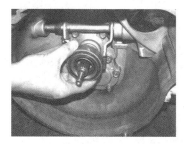

图 2-40 _____   图 2-41 _____   图 2-42 _____

（3）拆下延伸箱螺栓，取出延伸箱总成，如图 2-43 所示。注意拆螺栓时应对角交替拆卸（见图 2-44），如果粘得较紧，可用一字螺丝刀轻轻撬开。

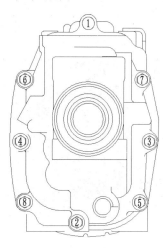

图 2-43 _____   图 2-44 _____

（4）取出倒挡齿轮、倒挡轴等零部件，如图 2-45 所示。注意_____。

图 2-45 _____

（5）用套筒扳手按如图 2-46 所示的顺序将变速器上盖的螺栓拆下。

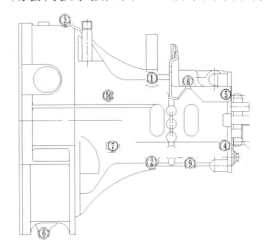

图 2-46 ＿＿＿＿＿＿

（6）取出输入轴、输出轴组件，如图 2-47 所示。

图 2-47 ＿＿＿＿＿＿

（7）用＿＿＿＿＿＿＿＿＿＿＿＿＿＿＿＿＿＿拆下定位卡圈，如图 2-48 所示。

（8）用＿＿＿＿＿＿＿＿＿＿＿＿＿＿＿＿＿＿将轴承取出，如图 2-49 所示。

图 2-48 ＿＿＿＿＿＿   图 2-49 ＿＿＿＿＿＿

（9）拆卸输入轴、三/四挡同步器总成、同步器齿环，如图 2-50 所示。

图 2-50 _____

（10）从输出轴端依次取出 5 个挡位的各挡齿轮、五/倒挡同步器、倒挡齿轮、齿环、滚针轴承、垫片。用拉马拉出中间轴承，依次取出一/二挡齿轮、一/二挡同步器、齿环、轴承等部件，并按顺序摆放，如图 2-51 所示。注意_____。

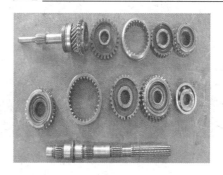

图 2-51 _____

■■ 填写工作步骤，并在实训车间完成实际操作

（1）清洁所有的零部件，并用压缩空气将其吹干。准备好洁净的齿轮油。在变速器的安装过程中，凡是有相对转动的部位都要加齿轮油。

（2）安装滚针轴承、二挡齿轮、一/二挡同步器、一挡齿轮，用_____压装中间轴承；安装倒挡齿轮、五/倒挡同步器、五挡齿轮、垫片；压装后轴承、安装速度计蜗杆、卡簧。

注意各齿轮与轴承之间的间隙应在_____mm 之间，如图 2-52 所示。

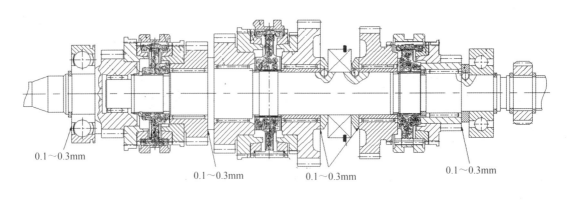

0.1～0.3mm 0.1～0.3mm 0.1～0.3mm 0.1～0.3mm

图 2-52 _____

（3）安装滚针轴承、三挡齿轮、齿环、三/四挡同步器、卡环，卡环要用_____安装，如图 2-53 所示。

图 2-53 _____

（4）安装输入轴内滚针轴承，将输入轴和输出轴连接起来，装入变速器下箱体中，如图 2-54 所示。

图 2-54 _____

（5）安装变速器上盖。将拨叉轴放在空挡的位置，箱体对准定位销孔后垂直安装。按如图 2-55 所示的顺序拧紧上箱体螺栓。注意螺栓的长度要适当。螺栓拧紧力矩为___ N·m。

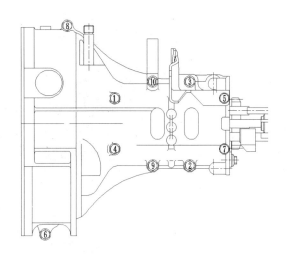

图 2-55 _____

（6）安装倒挡齿轮、倒挡轴等零部件，如图 2-56 所示。注意_____。

图 2-56 _____

（7）安装延伸箱总成，安装时应垂直放置，注意后轴承，按如图 2-57 所示的顺序拧紧延伸箱螺栓。注意螺栓的长度。螺栓拧紧力矩为 18～26N·m。

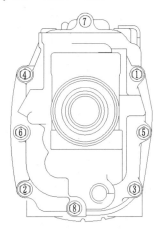

图 2-57 _____

（8）安装换挡箱总成，注意换挡拨叉应垂直朝下放置，拧紧螺栓，拧紧时应_____拧紧，力矩为 18～26N·m，如图 2-58 所示。

图 2-58 _____

（9）安装变速器前端盖，拧紧螺栓后安装分离轴承，注意拧紧螺栓时要_____拧紧，力矩为 18～26N·m，如图 2-59 所示。

图 2-59 _____

三、变速器各零部件的检测

1. 检查主要零部件

变速器主要检查的零部件有：_____；_____；_____；_____；_____；_____；_____。

2. 检查输入轴组件

（1）目测检查输入轴齿轮表面有无_____等情况，若有上述任一种情况，则必须_____。

（2）目测检查输入轴花键有无_____等情况，若有上述任一种情况，则必须_____。

（3）用手转动轴承感觉是否灵活、是否_____。

（4）用花键环规检查_____。

（5）检查输入轴内孔轴承孔位_____。

（6）用千分尺测量轴颈，轴颈尺寸应符合_____。

3．检查中间轴组件

（1）目测检查中间轴齿轮＿＿＿＿＿＿＿＿＿＿＿＿＿＿＿＿＿＿＿＿＿＿和齿面胶合等情况，若有上述任一种情况，则必须更换中间轴。

（2）用手转动轴承，应＿＿＿＿＿＿＿＿＿＿＿＿＿＿＿＿＿＿＿＿现象，若轴承转动不灵活或有卡滞现象，则必须更换轴承。

4．检查输出轴组件

（1）用花键环规检查输出轴花键＿＿＿＿＿＿＿＿＿＿＿＿＿＿＿＿，若有，则必须更换输出轴。

（2）目测检查输出轴，输出轴不应有裂纹，轴颈及花键不应有＿＿＿＿＿＿＿＿＿＿，轴上的齿轮不应有＿＿＿＿＿＿＿＿＿＿＿＿＿＿＿，否则应更换。

（3）用百分表检查轴的径向圆跳动，测量值不应超过＿＿＿＿＿＿mm，否则应更换或校正。

（4）用千分尺测量轴颈，轴颈应符合原厂要求。

5．检查齿轮和同步器齿环

（1）将同步器齿环贴合在配对的齿轮锥面上，用＿＿＿＿＿＿＿＿＿＿＿＿＿＿＿＿＿的间隙，应在＿＿＿＿＿＿ mm 之间，极限间隙为 ＿＿＿＿＿＿ mm。

（2）检查齿轮外锥面和齿环内锥面的磨损情况，若有异常磨损，则必须更换零部件 。

（3）在锥面上＿＿＿＿＿＿＿＿＿＿，转动同步器齿环，检查＿＿＿＿＿＿＿＿＿＿，结合面的面积应在＿＿＿＿＿＿＿＿＿以上。

6．检查同步器组件

（1）检查同步器组件的滑动灵活性，若有＿＿＿＿＿＿＿＿＿＿，则应修复或更换。

（2）同步器滑块应无磨损现象，在滑槽内应＿＿＿＿＿＿＿＿＿＿；内卡环弹性良好，花键毂、锁环、接合套齿应无＿＿＿＿＿＿＿＿＿＿＿＿＿＿＿。

（3）在不安装弹簧和滑块的情况下，齿毂依靠自身的重力应能＿＿＿＿＿＿＿＿＿＿。

7．拨叉、拨叉轴的检测

目测检查，拨叉应无严重磨损、变形现象，拨叉与接合套的间隙不大于＿＿＿＿＿＿ mm。拨叉轴与轴孔的间隙不大于＿＿＿＿＿＿mm，拨叉轴的弯曲程度不大于＿＿＿＿＿＿ mm。如果不正常，则需要校正或更换。

8．密封件的检测

检测各密封件的＿＿＿＿＿＿＿＿＿＿＿＿＿＿＿＿，如不正常则应更换。

9．变速器壳体部位的检查

（1）壳体结合面应无_____现象，如有则应更换接合面的垫片或加密封胶。

（2）变速器前后油封应无_____现象，如有则应更换油封。

（3）变速器壳体应无_____现象，如有则应更换。

10．变速器操纵机构的检查

（1）操纵杆应无_____现象，如有则应修复或更换。

（2）操纵杆球头应无_____现象，如有则应修复或更换。

（3）挂挡拉线应活动自如，无_____现象，如有则应修复或更换。

四、变速器常见故障诊断与排除

变速器常见故障有变速器异响、变速器跳挡、变速器乱挡、变速器挂挡困难和变速器漏油。

1．变速器异响

变速器异响分为_____和_____。

（1）空挡异响。

① 故障现象：发动机怠速运转，变速器处于空挡时有异响，踩下离合器踏板异响消失。

② 故障原因是什么？

● _____。

● _____。

● 常啮合齿轮磨损过度、_____。

（2）挂挡后异响。

① 故障现象：当汽车行驶时，变速器发出不正常响声，且响声随着车速的增加而提高。

② 故障原因是什么？

● _____。

● _____。

● _____。

● 同步器磨损或损坏。

③ 故障排除方法有哪些？

- _____。

- 当空挡有异响时，踩下离合器，异响消失则为飞轮后轴承、_____
  _____。

- 当挂上某一挡位有异响时，_____。

- 当变速器在工作过程中突然有异响时，_____。

- 当换挡有异响时，先检查离合器操纵机构_____
  _____
  _____。

2. 变速器跳挡

（1）故障现象：当汽车行驶时，变速杆自动从某挡跳回空挡。

（2）故障原因是什么？

① 自锁装置的凹槽、_____。

② 同步器接合套_____。

③ 操纵机构变形、松旷等，_____。

④ _____。

⑤ 相啮合的齿轮、_____。

（3）故障排除方法有哪些？

① 检查变速器操纵挂挡杆_____
  _____。

② 当挂上某挡位跳挡时，拆下变速器盖，检查_____
  _____。

③ 拆下变速器挂挡轴，检查_____
  _____
  _____。

3. 变速器乱挡

（1）故障现象：在离合器分离彻底的情况下，汽车在起步挂挡或行驶过程中换挡时，
挂不上所需要的挡位；挂挡后不能退回空挡；车辆静止时同时挂上两个挡位。

（2）故障原因是什么？

① _____。

② _____。

（3）故障排除方法有哪些？

① _____。

② _____。

4．变速器挂挡困难

（1）故障现象：不能顺利挂挡，或者挂上挡后摘不下来。

（2）故障原因是什么？

① _____。

② _____。

③ _____。

④ _____。

⑤ _____。

（3）故障排除方法有哪些？

① 检查_____。

② 检查_____。

③ 检查_____。

④ 检查_____。

5．变速器漏油

（1）故障现象：变速器的外表有渗漏油或油污。

（2）故障原因是什么？

① _____。

② _____。

③ _____。

④ _____。

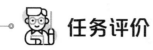 **任务评价**

评价内容及评分标准		自我评价（打分）	小组相互评价（打分）	教师评价（打分）
信息收集（15分）	理解任务或问题的程度（5分）			
	收集信息的完整性（5分）			
	对信息（知识）的领会程度（5分）			
制订计划（20分）	计划制订参与程度（10分）			
	计划的合理性及实用性（10分）			
修改计划（15分）	和老师讨论计划（5分）			
	和老师讨论后，是否知道如何改进计划（5分）			
	计划修改后的完整性（5分）			
实施（20分）	是否按计划进行工作（5分）			
	是否亲自实施计划（5分）			
	是否记录工作过程及结果（10分）			
检查（15分）	是否按计划的要求去完成任务（5分）			
	是否达到预期目标（5分）			
	整个工作流程是否与标准流程符合（5分）			
评价（15分）	是否按计划完成了任务或解决了问题（5分）			
	在哪个环节上可以改进（2分）			
	学习团队的合作情况（3分）			
	现场"7S"及劳动纪律（5分）			
总分（100分）				
总评				

 # 任务考核

变速器的拆装考核评分表

时间：30 分钟   任课教师签字：

序号	考核内容	配分/分	评分标准	考核记录	扣分/分	得分/分
一	考前准备（5 分）	5	备齐所需的工具、量具及设备			
二	变速器的拆卸（40 分）	5	拆卸放油螺栓，放油，拆卸分离轴承、前端盖			
		5	拆卸换挡箱总成			
		5	拆卸延伸箱、倒挡齿轮			
		8	拆卸变速器上盖			
		5	拆卸输出轴总成、输入轴总成			
		12	分解输出轴上的零部件			
三	变速器的安装（45 分）	2	清洁各零部件			
		18	安装输出轴总成、输入轴总成			
		10	安装变速器上盖，拧紧螺栓			
		5	安装倒挡齿轮、延伸箱并拧紧螺栓			
		5	安装换挡箱总成，拧紧螺栓			
		3	安装前端盖、拧紧螺栓；分离轴承			
		2	安装放油螺栓，加注齿轮油			
四	职业素养（10 分）	5	课堂纪律			
		2	文明操作			
		3	"7S"管理			
合计		100				

万向传动装置的构造与拆装检修

姓名：_____　　班级：_____　　日期：_____

复习与思考

填空题

1. 万向传动装置的作用是_____。

2. 万向传动装置的组成是_____。

3. 在汽车上，万向传动装置主要安装在哪几个位置？

（1）_____。

（2）_____。

（3）_____。

（4）_____。

（5）_____。

4. 万向节按其在扭转方向上是否有明显弹性可分为刚性万向节和挠性万向节。刚性万向节又可分为_____

_____。

5. 十字轴式万向节的基本组成是_____

_____

_____。

6. 球笼式万向节主要由_____

_____等组成。

7. 球叉式万向节的主、从动叉分别与_____。两叉各有4 个曲面凹槽，组装后构成的两个相交环槽成为 4 个传动钢球的滚道。两叉中心的凹槽内放置中心定心钢球。

8. 挠性万向节由_____连接而成，依靠橡胶件的弹性变形，能够实现转动轴线的小角度（3°～5°）偏转和_____位移，吸收传动系统中的_____。

9. 独立悬架驱动桥上的传动轴（半轴）传递动力并靠内侧_____

_____

_____。

10. 当中间支承的传动距离较长时，一般将传动轴分段，_____

_____。

判断题

1. 采用独立悬架的车辆可以提高行驶的操控性和稳定性，而且比非独立悬架有更多的调整点，便于车轮角度的调整。　　　　　　　　　　　　　　　（　　）

2. 在车辆颠簸和转弯的过程中，安装在独立悬架上的车轮，外倾角和前束值始终是恒定不变的，这是为了保证车轮行驶的稳定性和安全性。　　　　　　　（　　）

3. 单纵臂式独立悬架可以用在转向轴上。　　　　　　　　　　　　　（　　）

4. 对车轮轴承进行检查时，若车轮出现摆动，则需要压下制动踏板再次检查，若压下制动踏板后没有更大摆动，则可能是悬架、球节原因；若依然摆动，则可能是轴承原因。　　　　　　　　　　　　　　　　　　　　　　　　　　　（　　）

5. 高度可调的空气悬架在定位之前一般要求按原厂规定先锁定悬架高度。（　　）

6. 减振器套筒一定要穿在螺旋弹簧之中才能起到减振作用。　　　　　（　　）

7. 对于麦弗逊式独立悬架结构，当调整减振器顶座位置改变外倾角时，主销内倾角会随之改变。　　　　　　　　　　　　　　　　　　　　　　　　　　　（　　）

8. 使用独立悬架的汽车，因为占用空间大，所以发动机重心较高。　　（　　）

9. 双横臂式独立悬架的整体性能比单横臂式独立悬架优越。　　　　　（　　）

10. 挠性万向节由橡胶件将主、被动轴叉交错连接而成。　　　　　　（　　）

选择题

1. 普通十字轴万向节等速传动条件是（　　　）。

　　A. 等角速输入　　　　　　　　　　　B. 两个传动轴之间的夹角相等

　　C. 传动轴两端的万向节叉在同一平面内　D. 同时具备B、C两个条件

2．十字轴式刚性万向节的十字轴轴颈一般都是（　　　　）。

    A．中空的   B．实心的

    C．无所谓   D．以上都不对

3．为了提高传动轴的强度和刚度，传动轴一般都做成（　　　　）。

    A．空心的   B．实心的

    C．半空、半实的   D．无所谓

4．万向传动装置一般安装在（　　　　）。

    A．变速器里面   B．驱动桥里面

    C．变速器与离合器之间   D．转向轴与转向器之间

5．下列哪些零部件不属于万向传动装置（　　　　）。

    A．离合器   B．传动轴

    C．中间支承   D．万向节

专业技能实训

一、完成万向传动装置总成的拆装与检修步骤，并在实训车间完成实际操作

1．万向传动装置总成的就车拆卸（轻卡车型）

（1）用三角木固定好车轮，做好＿＿＿＿＿＿＿＿＿＿＿记号，拆下传动轴凸缘座紧固螺栓。

（2）小心从花键套中取出＿＿＿＿＿＿＿＿＿＿＿＿＿＿＿＿＿＿＿＿＿。

2．万向传动装置总成的拆卸

（1）用＿＿＿＿＿＿＿＿＿＿取出十字轴上的卡环，用＿＿＿＿＿＿＿＿＿＿支撑住传动轴总成。

（2）用锤子轻敲凸缘叉座的＿＿＿＿＿＿＿＿＿＿，将滚针轴承座振出来。将传动轴转过＿＿＿＿＿＿＿＿＿＿，用同样的方法将凸缘叉座的另一＿＿＿＿＿＿＿＿＿＿＿＿＿＿＿＿＿＿＿振出，取下凸缘叉座。注意敲击的部位，不能敲击＿＿＿＿＿＿＿＿＿＿＿＿＿＿＿＿＿＿＿＿＿。

3．万向传动装置总成的安装

万向传动装置总成的安装应按与拆卸时相反的顺序进行，但要注意以下几点。

（1）拆卸前在传动轴上做好装配记号，安装时先＿＿＿＿＿＿＿＿＿＿＿＿＿＿＿＿＿＿＿＿连接滑动叉，再将万向节凸缘叉座与主减速器凸缘叉座连接，紧固螺栓。

（2）十字轴上的_____要朝向传动轴，以便加注黄油及保持传动轴的_____。

（3）同一轴上的万向节叉平面应在_____。

（4）中间吊耳的黄油嘴应_____。

4．就车检查万向传动装置总成的情况

（1）用手晃动传动轴的一端，应无_____。

（2）检查传动轴前段的花键槽_____。

（3）检查万向传动装置的动平衡块情况，_____。

（4）检查中间支承的橡胶垫环_____

_____。

（5）球笼式等速万向节应检查_____

_____。

5．传动轴各部件的检测

（1）检查传动轴轴管有无_____。

（2）传动轴的径向跳动的检测：将传动轴放在中心架上，_____

_____。

（3）万向节叉、十字轴及轴承的检查。

① 当十字轴轴颈表面有_____或滚针压痕深度在_____mm以上时，应更换。

② 当滚针轴承的油封失效、_____。

③ 十字轴及轴承装入万向节叉后的轴向间隙为_____mm；轿车的轴向间隙为0～0.05mm。磨损超过标准应更换。

（4）用手晃动传动轴花键套与滑动叉花键，应无_____。

（5）传动轴的动平衡实验检测：在排除上述故障的前提下，若传动轴仍不正常工作，则应对_____

_____

_____

_____。

二、万向传动装置常见故障的诊断与排除

1. 传动轴振动与噪声

（1）故障现象：汽车在行驶过程中，传动轴产生振动并引起车身振动和噪声，其振动频率一般和车速成正比。

（2）故障原因及排除方法：

① _____ ；

② _____ ；

③ _____ ；

④ _____ ；

⑤ _____ ；

⑥ _____ 。

2. 汽车起步、换挡或变速时的异响

（1）故障现象：当汽车起步、换挡或变速时，万向传动装置有"哐当"的响声。

（2）故障原因及排除方法：

① _____ ；

② _____ ；

③ _____ ；

④ _____ 。

 任务评价

教师及学生对本任务学习进行评价

评价内容及评分标准		自我评价（打分）	小组相互评价（打分）	教师评价（打分）
信息收集（15分）	理解任务或问题的程度（5分）			
	收集信息的完整性（5分）			
	对信息（知识）的领会程度（5分）			
制订计划（20分）	计划制订参与程度（10分）			
	计划的合理性及实用性（10分）			
修改计划（15分）	和老师讨论计划（5分）			
	和老师讨论后，是否知道如何改进计划（5分）			
	计划修改后的完整性（5分）			
实施（20分）	是否按计划进行工作（5分）			
	是否亲自实施计划（5分）			
	是否记录工作过程及结果（10分）			
检查（15分）	是否按计划的要求去完成任务（5分）			
	是否达到预期目标（5分）			
	整个工作流程是否与标准流程符合（5分）			
评价（15分）	是否按计划完成了任务或解决了问题（5分）			
	在哪个环节上可以改进（2分）			
	学习团队的合作情况（3分）			
	现场"7S"及劳动纪律（5分）			
总分（100分）				
总评				

任务 4 驱动桥的构造与拆装检修

姓名：_____　　　班级：_____　　　日期：_____

复习与思考

填空题

1. 驱动桥是指_____

_____的总称。

2. 驱动桥由_____和

驱动车轮等零部件组成。

3. 驱动桥的作用是什么？

（1）_____。

（2）_____。

（3）_____。

（4）_____。

4. 驱动桥分为_____2 种。

5. 主减速器的作用是_____

_____。

6. 按齿轮传动比分，主减速器有_____。单速式主减速器的传

动比是固定的；双速式主减速器有供驾驶员选择的 2 个传动比，以适应不同工作条件。

7. 按齿轮传动副的结构形式分，主减速器有_____。

（1）斜齿圆柱齿轮的特点是_____。

（2）曲线齿锥齿轮的特点是_____。

（3）准双曲面锥齿轮的特点是_____。

8．图 2-60 所示为东风 EQ1090E 型汽车的单级主减速器，写出相应零部件的名称。

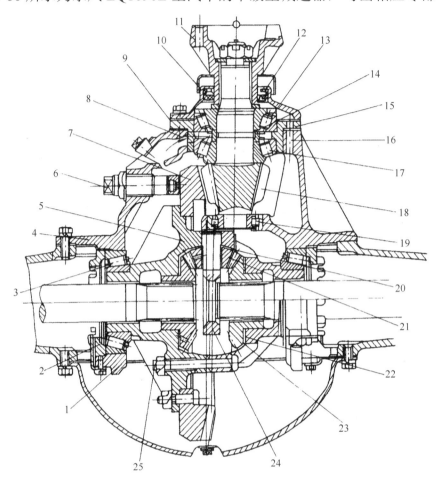

1—_____；2—_____；3、13、17—_____；4—_____；5—_____；
6—_____；7—_____；8—进油道；9、14—_____；10—防尘罩；11—_____；
12—油封；15—轴承座；16—回油道；18—_____；19—_____；20—_____；
21—_____；22—半轴齿轮推力垫片；23—_____；24—行星齿轮轴（十字轴）；25—螺栓

图 2-60　单级主减速器

9．差速器的作用是_____

_____

_____

_____。

10. 差速器的结构如图2-61所示，写出各零部件的名称。

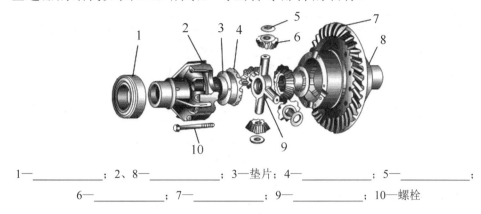

1—_____；2、8—_____；3—垫片；4—_____；5—_____；

6—_____；7—_____；9—_____；10—螺栓

图2-61　差速器的结构

11. 差速器的工作原理是什么？

（1）当汽车直线行驶（两侧驱动轮阻力相同）时，差速器通过半轴及半轴齿轮作用于行星齿轮，两个啮合点受的力相等，此时行星齿轮只有公转，没有_____

_____，差速器起_____作用。

（2）当汽车转弯行驶（两侧驱动轮阻力不相同）时，差速器通过半轴及半轴齿轮反作用于行星齿轮，两个啮合点受的力不相等。例如，汽车右转向，外侧车轮有滑移的趋势，内侧车轮有_____，即_____，内侧车轮阻力大，行星齿轮除要_____，还要绕着_____，差速器起差速作用。

12. 半轴是差速器与驱动桥之间传递_____。

13. 根据半轴与驱动轮的轮毂在桥壳上的支承形式及半轴受力情况的不同，半轴可分为_____。

14. 全浮式半轴支承的半轴两端只承受_____的支承形式称为全浮式。

15. 半浮式半轴支承的半轴外端不仅要承受转矩，还要承受_____

_____。

16. 驱动桥壳一般由主减速器和半轴套管组成，其内部用来安装_____

_____等零部件，其外部通过悬架与车架相连，两端安装制动底板并连接车轮，承受_____。

17. 驱动桥壳分为_____和_____2种。

18. 由于整体式驱动桥壳便于主减速器内的装配、调整和维修，因此普遍用于各类汽车上。常见的整体式桥壳有_____、_____、_____3种形式。

判断题

1. 整体式驱动桥壳常常与独立悬架配合使用。（   ）

2. 单级主减速器的圆锥滚子轴承装配时应使其具有一定的预紧度。（   ）

3. 当汽车转弯行驶时，差速器中的行星齿轮只有自转，没有公转。（   ）

4. 锥齿轮差速器能使两侧驱动车轮差速，靠的是半轴齿轮的自转。（   ）

5. 全浮式半轴支承的半轴只在两端承受转矩，不承受其他任何反力和弯矩。
（   ）

6. 主减速器的功能是"增速减扭"。（   ）

7. 普通行星齿轮差速器具有转矩等量分配的特性。（   ）

8. 驱动桥主要由主减速器、差速器、半轴和桥壳等组成。（   ）

9. 单排行星齿轮机构有一个自由度，因此它有固定的传动比，可以直接用于变速传动。（   ）

10. 当车辆静止时，若一侧半轴齿轮受其他外来力矩转动，则另一侧半轴齿轮会以相同的角度和方向转动。（   ）

选择题

1. 下面属于差速器主要功能的是（   ）。

   A. 降低转速，增加扭矩

   B. 接通和断开发动机的动力

   C. 在汽车转弯时调整左右轮之间的转速

   D. 以上都不是

2. 汽车在转弯时，差速器中的行星齿轮（   ）。

   A. 只有自转，没有公转   B. 只有公转，没有自转

   C. 既有自转，又有公转   D. 以上都不是

3. 汽车驱动桥主减速器的作用是（   ）。

   A. 增大功率   B. 增大转速

   C. 增大转矩   D. 减低油耗

4．普通差速器总的特性是（　　　）。

    A．差速又差扭　　　　　　　　　B．只差速

    C．只差扭　　　　　　　　　　　D．差速不差扭

5．在主减速器中，如果主动锥齿轮不变，则提高传动比会造成（　　　）

    A．从动齿数增加，离地间隙减小

    B．从动齿数增加，离地间隙增加

    C．从动齿数减小，离地间隙减小

    D．从动齿数减小，离地间隙增加

 专业技能实训

一、补全主减速器总成的就车拆卸步骤，并在实训车间完成实际操作

（1）拉起手动制动，用三角木固定住前后车轮，如图 2-62 所示。

（2）拆出后轮半轴，如图 2-63 所示。注意标记好＿＿＿＿＿＿＿＿＿＿＿＿＿＿＿＿。

图 2-62 ＿＿＿＿＿　　　　图 2-63 ＿＿＿＿＿

（3）放出后桥壳里的齿轮油，用＿＿＿＿＿＿＿＿＿＿＿＿装好，如图 2-64 所示。

（4）做好传动轴＿＿＿＿＿＿＿＿＿＿＿＿＿＿，拆下传动轴，如图 2-65 所示。

图 2-64 ＿＿＿＿＿　　　　图 2-65 ＿＿＿＿＿

（5）用套筒扳手拧下主减速器总成周围的螺栓，取出主减速器总成，如图 2-66 所示。

图 2-66 _____

二、补全差速器总成的拆卸步骤，并在实训车间完成实际操作

（1）检查差速器轴承盖有无装配记号，若没有应重新做好记号。用套筒扳手卸下调整螺母保险装置及轴承盖螺栓，如图 2-67 所示。

图 2-67 _____

（2）取下轴承盖螺栓、轴承盖、调整螺母、轴承外圈及差速器总成并摆放整齐，如图 2-68 所示。

（3）用专用工具拆卸主动锥齿轮轴的锁紧螺母。取出凸缘叉座、主动锥齿轮轴、隔套、调整垫片并按拆卸顺序放好，如图 2-69 所示。

图 2-68 _____   图 2-69 _____

（4）撬开差速器壳体上螺栓锁止垫片，卸下连接螺栓。取出差速器壳体、调整垫片、半轴齿轮、行星齿轮及轴并按顺序放好，如图 2-70 所示。

图 2-70 _____

三、主减速器解体的注意事项

（1）解体前应对齿轮_____做初步检查。

（2）解体后应认记各部位调整垫片数量、厚度，并分别有序放置。

（3）从动锥齿轮轴承调整垫片解体前_____，避免安装时左、右调整垫片错位。

（4）从动锥齿轮轴承座盖在取下轴承和调整垫片后应装回原处，防止左、右轴承座盖错位。

四、主减速器总成零部件的检修

（1）从动锥齿轮轴承预紧度的检测方法：用手转动从动锥齿轮，应该_____
_____，也可用弹簧秤钩在从动锥齿轮紧固螺栓上测量切向拉力，应为_____N。

（2）主减速器啮合间隙的检测方法：用磁性百分表固定在减速器壳的凸缘上，百分表的触头应垂直于从动锥齿轮牙齿大端的凸面，用手固定住主动锥齿轮，轻轻往复_____
_____
_____。

五、主减速器的调整

（1）从动锥齿轮轴承预紧度的调整方法：慢慢拧动两端的调整螺母，调整差速器轴承的预紧度。用手转动从动锥齿轮，应该_____。

（2）主减速器啮合间隙的调整方法是_____。当从动锥齿轮远离主动锥齿轮时，间隙变大，反之变小。移动从动锥齿轮的方法是将一侧的轴承调整螺母旋入几圈，另一侧就旋出几圈。

注意：_____。

正确的主、从动锥齿轮啮合间隙范围为_____mm。若间隙大于规定数值的上限（0.40mm），则使从动锥齿轮往靠近主动锥齿轮的方向移动；若间隙小于规定数值的下限（0.15mm），则反向移动。

任务评价

教师及学生对本任务学习进行评价

评价内容及评分标准		自我评价（打分）	小组相互评价（打分）	教师评价（打分）
信息收集（15分）	理解任务或问题的程度（5分）			
	收集信息的完整性（5分）			
	对信息（知识）的领会程度（5分）			
制订计划（20分）	计划制订参与程度（10分）			
	计划的合理性及实用性（10分）			
修改计划（15分）	和老师讨论计划（5分）			
	和老师讨论后，是否知道如何改进计划（5分）			
	计划修改后的完整性（5分）			
实施（20分）	是否按计划进行工作（5分）			
	是否亲自实施计划（5分）			
	是否记录工作过程及结果（10分）			
检查（15分）	是否按计划的要求去完成任务（5分）			
	是否达到预期目标（5分）			
	整个工作流程是否与标准流程符合（5分）			
评价（15分）	是否按计划完成了任务或解决了问题（5分）			
	在哪个环节上可以改进（2分）			
	学习团队的合作情况（3分）			
	现场"7S"及劳动纪律（5分）			
总分（100分）				
总评				

 故障诊断与排除

刘先生开了五年的五菱小旋风货车，最近在行驶过程中变速杆总是自动从三挡跳回空挡，而且上坡时跳回空挡的频率比较高。请根据所学知识分析故障发生的原因并制定解决方案，根据方案排除故障（限机械部分）。

 问诊

根据客户陈述检查各故障点并按要求填写车辆检查问诊单。

车辆检查问诊单

客户姓名		车牌号		
客户电话		车型		
维修顾问		车架号		
预计交车时间		行驶里程数	燃油表显示	
外观确认：		仪表故障信息： 其他：		
客户陈述故障				
报检项目				
建议维修项目				
客户签字		维修顾问签字		

二、制定维修方案

教师将学生分成若干个小组，每组 5 人左右，每组选出一个组长，组长负责对组员进行任务分配，组员按照组长的要求完成相应的任务，并将所完成的任务内容填入个人任务工作表中。

个人任务工作表

序号	任 务	个 人 任 务	完 成 情 况	教师或组长检查结果
1	刘先生开了五年的五菱小旋风货车，最近在行驶过程中变速杆总是自动从三挡跳回空挡，而且上坡时跳回空挡的频率比较高。请根据所学知识排除相关故障			
2				
3				
4				

三、填写维修卡

根据检查的结果制定维修方案并按要求填写维修卡。

维修卡

服务专员		日期		制单人员	
工单号		进厂日期		发动机号	
车主		车主电话		车架号	
地址					
车牌号		车型			
检查结果					
维修方案	1. 拆装				
	2. 维修				
	3. 更换				
维修人员签字		组长签字		指导教师签字	

四、填写维修工单

根据维修方案排除故障并按要求填写维修工单。

维修工单

服务专员		日期		制单人员	
工单号		进厂日期		发动机号	
车主		车主电话		车架号	
地址					
车牌号		预计交车时间		质检	
车型		路试		洗车	
维修类别		进厂里程		保修结束里程	
维修项目	维修内容		工时	单价	金额
1. 拆装					
2. 修复					
3. 喷漆					
4. 更换					
5. 机修					
6. 四轮定位					
客户签字		维修技师签字		洗车技师签字	
		终检签字		维修经理签字	

项目三

行驶系统

任务 1 车架、车桥、车轮的构造与拆装检修

姓名：＿＿＿＿＿＿＿＿　　班级：＿＿＿＿＿＿＿＿　　日期：＿＿＿＿＿＿＿＿

复习与思考

填空题

1. 汽车行驶系统的功能是＿＿＿。

2. 汽车行驶系统主要由＿＿＿＿＿＿＿＿＿＿＿＿＿＿＿＿＿＿＿＿＿组成。

3. 汽车行驶系统的基本类型主要有＿＿＿＿＿＿＿＿＿＿＿＿＿＿＿＿＿、车轮—履带式和水陆两用式等几种形式。

4. 行驶系统＿＿＿＿＿＿＿＿＿＿＿＿＿＿＿＿汽车称为履带式汽车。

5. 行驶系统＿＿＿＿＿＿＿＿＿＿＿＿＿＿汽车称为半履带式汽车或车轮—履带式汽车。

6. ＿＿＿＿＿＿＿＿＿＿＿＿＿＿＿也可装履带，称为车轮履带式。

7. 汽车车架俗称"大梁"，其上装有＿＿＿＿＿＿＿＿＿＿＿＿＿＿等总成和部件。

8. 车架的作用是＿＿。

9. 车架按结构形式可分为＿＿＿＿＿＿＿＿＿＿＿＿＿＿＿＿＿（应用广泛）、中梁式车架（或称脊骨式车架）、＿＿＿＿＿＿＿＿＿＿＿＿＿＿＿＿＿（边梁式车架＋中梁式车架）。

10. 边梁式车架由＿＿＿＿＿＿＿＿＿＿＿＿＿＿＿＿组成，用铆接法或焊接法将纵梁与横梁连接成坚固的刚性构架。纵梁多采用抗弯能力较强的槽型截面。

11. 中梁式车架只有＿＿＿＿＿＿＿＿＿＿＿＿＿＿＿，因此也称为脊骨式车架。中梁式车架质量小，重心低，行驶稳定性好，其结构使车轮跳动空间比较大，车架刚度和强度较大，便于采用独立悬架系统。中梁式车架还对传动轴有防尘作用。

12．车架前部是_____，这种车架称为综合式车架（也称复合式车架）。

13．大多数轿车和部分大型客车取消了车架，而以_____，这种车身称为承载式车身。

14．根据悬架的结构形式，车桥可分为_____和_____2种。

15．断开式车桥为活动关节式结构，与_____配合使用；整体式车桥的中部是一个整体的刚性实心或空心梁（轴），多与_____配合使用。大部分现代轿车左右车轮_____，而通过各自的悬架与车架相连接，习惯上仍将它们称为断开式车桥。

16．按照车桥上车轮的运动方式和作用，车桥可分为____、____、____、____4种。其中，转向桥和支持桥都属于从动桥。一般汽车的前桥多为_____；越野汽车和一些轿车的前桥既是转向桥，又是驱动桥，故称为转向驱动桥。

17．将如图 3-1 所示的结构名称填在相应的位置。

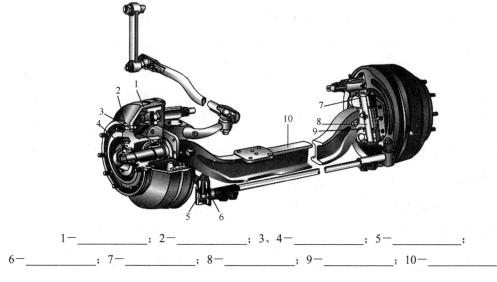

1—_____；2—_____；3、4—_____；5—_____；
6—_____；7—_____；8—_____；9—_____；10—_____

图 3-1　整体式转向桥

18．前梁工作时主要承受_____，前梁采用工字形断面，以提高前梁的抗弯强度，同时可以减小质量。前梁工作时除要承受弯矩，还要_____，因此，从弹簧处向外逐渐由工字形断面过渡到方形断面，以提高前梁_____，同时保持断面_____相等。

19．断开式转向桥的作用和非断开式转向桥的一样，不同的是断开式转向桥与_____匹配，为活动关节式结构。

20．许多轿车和全轮驱动越野汽车的前桥既是_____，又是_____，称为转向驱动桥。转向驱动桥主要由_____等组成。

21．车轮是介于轮胎和车轴之间承受负荷的旋转组件，主要由_____组成。轮辋用于安装_____，轮辐是介于_____。

22．按轮辐的构造，车轮可分为_____。

23．轮辋俗称_____，是车轮周边安装_____。

24．深槽轮辋是整体的，其断面中部为一个深凹槽，主要用于_____。

25．轮胎作为汽车与道路之间力的支撑和传递部分，其性能对汽车行驶性能影响很大。轮胎的性能与_____等因素有关。轮胎总成是安装在轮辋上的，直接与路面接触。

26．轮胎的作用是什么？

（1）_____

_____。

（2）_____

_____。

（3）_____

_____。

27．汽车轮胎按胎体结构不同可分为_____。充气轮胎按组成结构不同，又分为_____和_____2种。充气轮胎按胎体中帘线排列的方向不同，还可分为_____。

28．汽车上常用的是有内胎的充气轮胎，由_____组成。内胎中充满空气；外胎是_____外壳，用以保护内胎不受外来损害；垫带放在_____之间，以防止内胎被轮辋及外胎的胎圈擦伤。

29．胎冠是外胎两胎肩之间的整个部位，包括_____等。这是汽车行驶与地面相接的_____。

30．胎面是轮胎与路面接触的部分，在保护胎体的同时，具有良好的_____。

31．胎肩是轮胎的肩膀部分，具有保护_____。

32．胎侧是行驶时曲挠最严重的部分，在此处印有轮胎规格、制造商和花纹等。

33．带束层是子午线构造的胎面与胎体之间沿圆周展开的补强带，主要使用_____。

34．普通斜交轮胎的特点是_____，各层帘线与胎冠中心线成_____的交角，因而叫斜交轮胎。

35．子午线轮胎的_____排列，帘线分布如地球的子午线，因而称为子午线轮胎。

36．按胎内空气压力的大小，充气轮胎可分为_____、_____、_____ 3 种。每种汽车的轮胎胎压是不一样的，轮胎胎压及承重要求可以在_____、_____、副驾驶座一侧的储物盒的盖子上找到，还可以在汽车的用户手册上找到。

37．轮胎胎冠用耐磨橡胶制成，直接与路面接触，承受全部载荷。为使轮胎与地面具有良好的附着性，在胎面上制有各样的花纹，有_____
_____。

38．普通花纹：花纹细而浅，花纹块_____，但抗滑能力差，适用于较好的硬路面。

39．越野花纹：花纹宽而深，汽车在软路面上行驶时轮胎与地面的附着性好，_____
_____
_____。

40．混合花纹：介于普通花纹和越野花纹之间，兼顾两者的使用要求，中部为菱形、锯齿形或烟斗形花纹，两边为横向越野花纹，适用于在_____。

41．高压轮胎表示方法：$D \times B$（单位：in），写出各符号的含义。

D: _____；B: _____。

低压轮胎表示方法：$B —（R）d$（单位：in），若中间有字母 R，则代表_____。

B: _____；d: _____。_____是描述轮胎尺寸的 2 个重要指标。

42．轮胎类型的选择。轮胎类型主要根据_____来选择。货车普遍采用_____轮胎，以提高轮胎承载能力；越野汽车选用胎面宽、直径较大的超低压轮胎；轿车宜采用_____，首选_____。

43．轮胎标有 225/65R17 102 H，请简述各数字与字母的含义。

225 表示_____；65 表示 _____；

R 表示_____；17 表示 _____；

H 表示_____；102 表示_____。

44．如图 3-2 所示，轮胎上的数字 4916 包含的信息为_____。

图 3-2　轮胎

 判断题

1．车架的形状要尽可能地降低汽车的重心和获得较小的前轮转向角。　　（　　）

2．有些轿车没有车架。　　（　　）

3．整体式车桥的中部是刚性实心或空心梁，与独立悬架配用。　　（　　）

4．越野汽车和前轮驱动汽车的前桥，除起承载和转向的作用外，还起驱动作用。

（　　）

5．主销后倾角一般是将前轴连同悬架安装在车架上时，使前轴向后倾斜而形成的，一般不可调。　　（　　）

6．检测轮胎磨损时，胎纹深度应该大于安全标志的高度，否则应该建议或要求用户更换轮胎。　　（　　）

7．轮胎标有负载指数，为保证安全，不应超载。　　（　　）

8．轮胎气压是否合适对车轮的转向能力没有影响。　　（　　）

9．轮胎只要花纹深度足够，就可以一直使用。　　（　　）

10．举起车辆调整车轮外倾角时，外倾角的变化会很大，尽量使用定位程序里的举升记忆功能，否则很难一次调整到位。　　（　　）

11．两侧后轮的主销后倾角差异过大，常会造成车辆行驶跑偏。　　（　　）

12．目前轿车普遍使用的是无内胎的斜交轮胎。　　（　　）

13．前轮单轮前束值是指车辆中心线与单侧前轮的车轮中心线间的夹角。　　（　　）

14．因为前轴的单轮前束值与后轴的单轮前束值之间没有关系，所以调整时可按照任意顺序进行。　　（　　）

15. 在检测前轮外倾角时，只要单侧外倾角都在各自的公差要求范围内即可，不必考虑左右两侧外倾角的差值。 （　　）

16. 当装用新轮胎时，同一车轴上配同一规格、结构、层级和花纹的轮胎。
　　　　　　　　　　　　　　　　　　　　　　　　　　　　　（　　）

17. 当进行车轮的偏位补偿时，4个车轮同时转动，同时完成。 （　　）

18. 当进行四轮定位时，胎纹深度应该大于安全标志的高度，否则应该建议或要求用户更换轮胎。 （　　）

选择题

1. 后轮单轮前束值的定义是（　　）。

A. 车辆的后轴与后轮中心线之间的夹角

B. 车辆的几何轴线与后轮中心线之间的夹角

C. 车辆中心线（对称面）与后轴单侧车轮的车轮中心平面之间的夹角

2. 目前丰田凯美瑞的后轮悬架能够调整的车轮角度是（　　）。

A. 外倾角

B. 单轮前束值

C. 主销后倾角

3. 前轴车轮的包容角的组成部分是（　　）。

A. 外倾角和前束值

B. 主销内倾角和外倾角

C. 主销后倾角和外倾角

4. 轮胎提供减振功能的部位是（　　）。

A. 胎边部

B. 胎肩部

C. 胎冠部

5. 如果车轮的前束值调整不当，则容易引起的车胎磨损特征是（　　）。

A. 车胎单侧胎肩磨损严重

B. 车胎胎冠表面有羽状横纹

C. 车胎两侧胎肩都磨损严重

6. 在车辆的定位调整中，将推力角调整为零的方法是（　　）。

A. 将车辆的两个前轮的单轮前束值调整到相等

  B．将车辆的两个后轮的单轮前束值调整到相等

  C．将车辆的两个后轮的外倾角调整到相等

7．车辆定位调整之前需要将转向盘打正后锁定住，是为了（　　　）。

  A．在调整过程中保证检测基准不发生变化

  B．在调整过程中防止车身滑动

  C．在调整过程中防止车身俯仰

8．横向稳定杆的作用主要是（　　　）。

  A．保证车轮的角度不变

  B．起到减振作用

  C．防止车身过度侧倾

9．车轮单轮前束值的定义是（　　　）。

  A．车轮中心平面与地面垂直平面间的夹角

  B．前轴单侧车轮的车轮中心平面与车辆推力线之前的夹角

  C．前轴单侧车轮的车轮中心平面与车辆中心对称面之间的夹角

10．轮胎规格的标注为 195/65R15，其中 R 表示（　　　）。

  A．无内胎轮胎

  B．斜交轮胎

  C．子午线轮胎

11．当转向主销的延长线与地面交点在车轮中心平面上时，此时描述正确的是（　　　）。

  A．主销偏置距为零

  B．主销偏置距为负

  C．主销偏置距为正

12．如果车轮的外倾角调整不当，则容易引起的轮胎磨损特征是（　　　）。

  A．此轮胎单侧胎肩的磨损严重

  B．此轮胎胎冠表面有羽状横纹

  C．此轮胎两侧胎肩同时磨损严重

13．轮胎规格的标注为 195/65R15，其中 15 表示（　　　）。

  A．轮胎的高度是 15mm

  B．轮胎的内径是 15in

  C．轮胎的外径是 15in

14. 车辆检测之前，往往需要进行轮辋偏位补偿，是为了（　　　）。

    A．补偿传感器自身元件的精度误差

    B．只补偿卡具安装带来的安装误差

    C．补偿轮辋偏摆机器卡具磨损和安装造成的综合误差

15. 测量转向时的负前束值主要是为了检查（　　　）。

    A．减振器是否漏油

    B．单轮前束值是否为负值

    C．转向梯形结构的整体工作状况

16. 轮胎气压过低对轮胎的磨损状况是（　　　）。

    A．轮胎单侧胎肩磨损严重

    B．轮胎胎冠中间磨损严重

    C．轮胎两侧胎肩同时磨损严重

17. 对轮胎耐磨性要求最高的部位是（　　　）。

    A．胎边部

    B．胎肩部

    C．胎冠部

18. 在拆装轮胎时，应对胎唇涂抹专用润滑剂，防止撕裂，这是因为胎唇的主要作用是（　　　）。

    A．减振

    B．耐磨

    C．密封

19. 测量车辆前轴的轮轴偏移（前轴偏角）是为了检查（　　　）。

    A．车辆前轴与车辆中心对称面的垂直度

    B．车辆前轴与车辆推力线的平行度

    C．车辆前轴与车辆推力线的垂直度

20. 单纵臂式独立悬架一般（　　　）。

    A．用于转向轮

    B．不用于转向轮

    C．用于重型车

汽车底盘构造与维修 一体化工作页

 专业技能实训

在实训车间完成车轮拆装、动平衡及车轮定位，同时补全操作步骤。

一 车轮的拆卸

（1）放净欲拆轮胎空气，清除轮胎表面异物，卸下平衡块，在卸下平衡块时应使用专用工具，此外要卸下气门帽和气门芯。

☀ 注意

拆胎前，请先用毛刷蘸取润滑剂盒中事先放好的有效润滑剂，再润滑胎缘，否则在压胎时分离铲会磨损胎缘。

（2）将轮胎置于＿＿＿＿＿和橡胶垫之间，将分离铲边缘置于胎缘与轮辋之间，离轮辋边缘大约 1cm 处（见图 3-3），踩下分离铲踏板，使胎缘与＿＿＿＿＿分离。

（3）在轮胎其他部分重复以上操作，使胎缘与轮辋彻底分离，如图 3-4 所示。

图 3-3　分离铲放置位置　　　　图 3-4　分离胎缘与轮辋

（4）把胎缘与轮辋已分离的车轮安装在转盘上，注意＿＿＿＿＿朝上（对于不对称的深槽轮辋应将窄轮辋朝上放置），如图 3-5 所示。踩下夹紧气缸踏板到底，夹紧轮辋。（此时可根据不同轮辋选择不同的夹紧方式，根据不同需求选择卡爪的不同位置。）

（5）在轮胎及轮辋边缘涂＿＿＿＿＿＿＿＿。

（6）踩下立柱回位踏板，使立柱回位于工作位置（见图 3-6）。

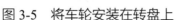

图 3-5 将车轮安装在转盘上

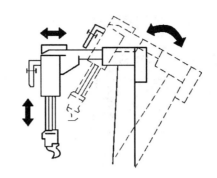

图 3-6 立柱回位

（7）调整六方杆的上下位置和四方横梁的前后位置，使拆装头紧靠轮辋外缘后，按下锁紧手柄上的按钮，锁紧六方杆和四方横梁，这时拆装头内侧距离轮辋边缘_____mm，避免划伤轮辋（见图 3-7）。

（8）将臂端压块放于拆装头对面的轮胎上缘后，下压升降杆使压块下压 5～6cm，踩下工作盘旋转踏板，使工作台顺时针旋转，将轮胎压至轮毂中间（见图 3-8）。

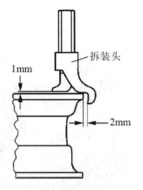

图 3-7 拆装头位置

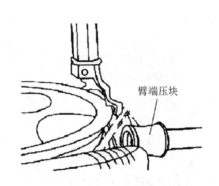

图 3-8 下压轮胎至轮毂中间

（9）用撬杠将胎缘撬在_____（见图 3-9），撤出臂端压块使其回位，撬杠不抽出，踩下工作盘旋转踏板，使工作台顺时针旋转，轮胎上缘脱离轮辋（见图 3-10）。

（10）用同样的方法拆下轮胎下缘（见图 3-11），使轮胎与轮辋彻底分开。踩下立柱摆动踏板，使立柱后仰（见图 3-12）。踩下踏板松开卡爪，取下轮胎与轮辋，拆胎完成。

图 3-9 用撬杠将胎缘撬在拆装头上

图 3-10 轮胎上缘脱离轮辋

图 3-11　拆下轮胎下缘

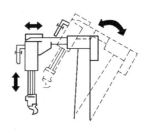

图 3-12　立柱后仰

二、车轮的安装

（1）将轮辋放在拆胎机工作盘上并卡紧。

（2）在轮胎＿＿＿＿＿＿＿＿＿＿＿涂上少许润滑剂，如图 3-13 所示。

（3）将轮胎下缘一部分套装在轮辋上，在上胎时，用双手压胎肚（见图 3-14），两手之间的距离为 200mm 左右，当胎口处于最紧处时，用右肘用力＿＿＿＿＿＿，同时，左手顺时针推一下轮胎，踩下工作踏板，转动轮辋，使轮胎下缘安装在轮辋上。

图 3-13　给轮胎唇边涂润滑剂

图 3-14　双手压在胎肚上

（4）安装轮胎上缘，先重新放好轮胎，调整好轮胎上缘位置，再将臂端压块置于拆装头顺时针方向约 20cm 的轮胎上缘，最后按下升降杆使臂端压块下压 5～7cm，将轮胎上缘压至轮槽内（见图 3-15）。踩下转盘转向踏板，让转盘顺时针转动。当还有 10～15cm 的轮胎未装入时，动作要放慢并注意观察轮胎的状态以免撕伤轮胎。

☀ 注意

　　一旦发现轮胎有撕伤的迹象或电机停止转动，请立即松掉踏板，用脚面抬踏板使电机反转，轮胎恢复原状后再次进行。

（5）用气压表按规定对轮胎进行充气（见图 3-16），充气时要一边充气一边观察，以免发生轮胎过压或其他异常情况造成人员伤害。

图 3-15 安装轮胎上缘

图 3-16 轮胎充气

💡 **提示**

1．对于胎顶橡胶好但软而薄的轮胎：用分离铲铲胎打滑时，可首先微抬一下分离铲控制踏板，同时将轮胎往里推一下，确认铲口与胎口接触，然后用腿或手靠住，防止轮胎退回，接着踩控制踏板，这时较容易铲下轮胎。

2．对于长时间使用的轮胎：轮胎长时间受内气压及轮胎与地面摩擦所产生的热影响，导致轮胎与钢圈黏合，分离铲很难铲下，可将洗洁精溶于水，用小刷在胎唇与钢圈处多刷一些溶液，待溶液渗进胎唇与钢圈缝隙后，用分离铲铲下轮胎。

3．对于胎口较硬的轮胎：扒胎时最好选用小车弹簧钢板，制成加长的撬杠往拆装头处撬胎口，这样比较容易拆卸。

🔳 三、车轮动平衡

（1）清除被测轮胎上的泥土、石子和旧平衡块，如图 3-17 所示。

（2）检查轮胎气压，若必要充至_____。

（3）打开动平衡机电源开关，检查指示与控制装置的面板是否指示正确，如图 3-18 所示。

（4）根据轮辋中心孔的大小选择_____，仔细地装上轮胎，用大螺距螺母上紧，如图 3-19 所示。

图 3-17 拆卸旧平衡块

图 3-18 动平衡机

图 3-19 安装锥体

（5）安装快速螺母并旋紧，注意_____不能太大，如图 3-20 所示。

图 3-20 安装快速螺母

（6）用动平衡机上的标尺测量_____至机箱的距离 a，如图 3-21 所示。

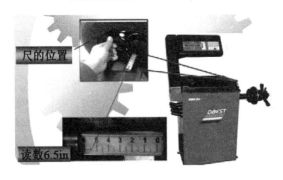

图 3-21 测量轮辋边缘至机箱的距离

（7）向动平衡机面板上输入相对应的数值，如图3-22所示。

图3-22　输入数值 a

（8）用卡尺卡住轮辋两侧并读取宽度 b，如图3-23所示。

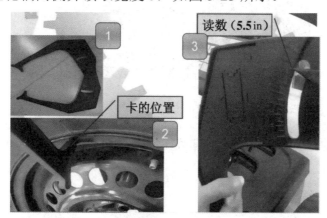

图3-23　读取宽度 b

（9）向动平衡机面板上输入_____相对应的数值 b，如图3-24所示。

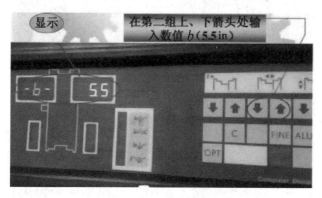

图3-24　输入数值 b

（10）在轮胎侧面找出_____，如图3-25所示。例如，195/65R15，15表示轮辋的直径为15in。

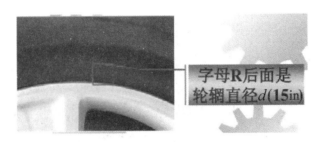

图 3-25 查询轮胎规格

（11）向动平衡机面板上输入_____相对应的数值 d，如图 3-26 所示。

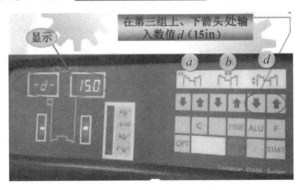

图 3-26 输入数值 d

（12）放下车轮防护罩，按下 START 键，车轮旋转，平衡测试开始，自动采集数据，如图 3-27 所示。

图 3-27 开始平衡测试

（13）车轮自动停转或听到"嘀"声后按下停止键并操纵制动装置使车轮停转后，根据指示装置读取车轮内、外不平衡量和不平衡位置，如图 3-28 所示。

（14）抬起车轮防护罩，用手慢慢转动车轮。当指示装置发出指示（如声响、指示灯亮、制动、显示点阵或显示检测数据等）时停止转动。在轮辋的外侧的上部（时钟 12:00 位置）安装指示装置显示的相应质量的该侧平衡块，如图 3-29 所示。

（15）参照外侧方法，在内侧安装相应的_____，如图 3-30 所示。

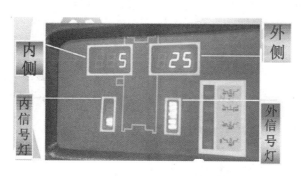

图 3-28　读取数值

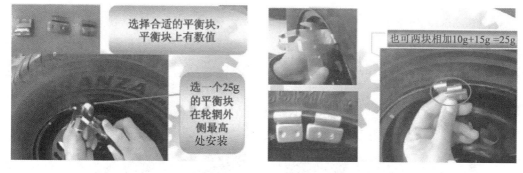

图 3-29　外侧加装平衡块

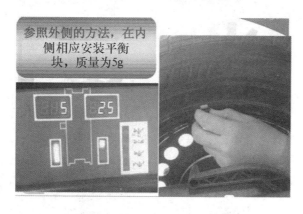

图 3-30　内侧加装平衡块

（16）对车轮进行平衡检测，直到不平衡量＜5g，指示装置显示"00"或"OK"时为止，如图 3-31 所示。

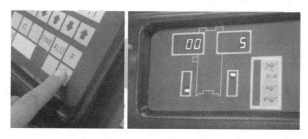

图 3-31　车轮平衡测试

（17）测试结束，关闭电源开关。

💡 小窍门

当不平衡量相差 10g 左右时，若能沿轮辋边缘前后移动平衡块一定角度，则可获得满意的效果。

四、车轮定位的操作步骤

（1）汽车驶入举升机，前轮至转盘中间位置，摆正方向轮，拉紧驻车制动器，如图 3-32 所示。

（2）放置车轮挡块，松开＿＿＿＿＿，举升机升至检查高度，如图 3-33 所示。

图 3-32 举升车辆准备

图 3-33 举升车辆

（3）将＿＿＿＿＿＿＿安装在相应的车轮轮辋上（先挂下方两个卡爪，再旋紧螺杆，夹紧上方两个卡爪，并用橡胶护套固定），如图 3-34 所示。

（4）进入"主菜单"，单击检测图标，进入操作界面，如图 3-35 所示。

图 3-34 安装探测头

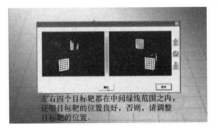
图 3-35 操作界面

（5）填写车辆信息，单击"车型"，选择被测车辆的汽车车型、汽车厂商，如图 3-36 所示。

（6）按屏幕提示，选择检测项目（必要时进行车轮偏心补偿调整）；将车轮挡块后移，推动车辆，操作结束后放回车轮挡块，如图 3-37 所示。

图 3-36　填写车辆信息

图 3-37　车辆检测

（7）屏幕显示检测数据（红色表示不合格），如图 3-38 所示。

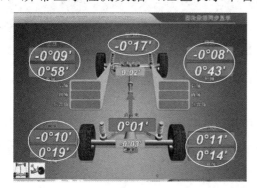 

图 3-38　检测数据（图中有白色框的数据为红色）

（8）用制动杆固定行车制动器，同时用垫块固定后轮（上述操作视情况而定），如图 3-39 所示。

图 3-39　固定行车制动器

（9）按屏幕提示，首先使转向盘处于直行位置至显示绿色，然后向右打方向 10°至显示绿色，接着向左打方向 10°至显示绿色，最后摆正转向盘至显示绿色，如图 3-40 所示。

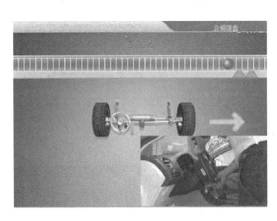

图 3-40　定位调整（图中箭头为绿色）

（10）屏幕显示检测数据（红色表示不合格），将相应数据填入检测表格。同时，根据该组数据判断本车定位是否合格，如何处理（调整步骤、调整部位、调整方向、零部件是否需要更换），在表格下有各种选项，如图 3-41 所示。

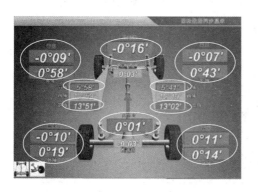 

图 3-41　检测数据（图中有白色框的数据为红色）

（11）如果需要调整，则摆正转向盘，用锁定杆锁定转向盘，如图 3-42 所示。

（12）根据测量结果进入调整界面，对不合格的参数进行调整，如图 3-43 所示。

 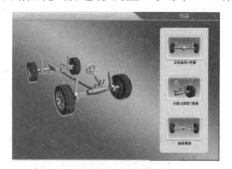

图 3-42　锁定转向盘　　　　　　　　　图 3-43　调整界面

（13）先调整后轮（外倾角、前束值及推进角），后调整前轮（后倾角、内倾角、外倾角、轴距、前束值）。调整时可对照显示屏数据，调整到数字变绿为合格，如图 3-44 所示。

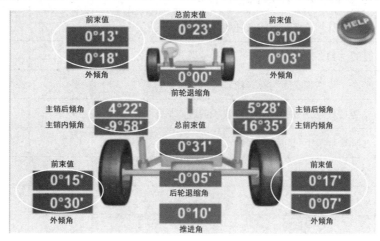

图 3-44　调整数据（图中有白色框的数据为红色）

（14）保存、打印调整数据（本步骤不用做）。

（15）拆下探测头及夹具，拆下转向盘锁定杆和制动杆，拉起驻车制动器。

（16）仪器界面退回至初始界面，检测调整结束。

（17）举升机降至地面。

 任务评价

教师及学生对本任务学习进行评价

评价内容及评分标准		自我评价（打分）	小组相互评价（打分）	教师评价（打分）
信息收集（15分）	理解任务或问题的程度（5分）			
	收集信息的完整性（5分）			
	对信息（知识）的领会程度（5分）			
制订计划（20分）	计划制订参与程度（10分）			
	计划的合理性及实用性（10分）			
修改计划（15分）	和老师讨论计划（5分）			
	和老师讨论后，是否知道如何改进计划（5分）			
	计划修改后的完整性（5分）			
实施（20分）	是否按计划进行工作（5分）			
	是否亲自实施计划（5分）			
	是否记录工作过程及结果（10分）			
检查（15分）	是否按计划的要求去完成任务（5分）			
	是否达到预期目标（5分）			
	整个工作流程是否与标准流程符合（5分）			
评价（15分）	是否按计划完成了任务或解决了问题（5分）			
	在哪个环节上可以改进（2分）			
	学习团队的合作情况（3分）			
	现场"7S"及劳动纪律（5分）			
总分（100分）				
总评				

任务考核

车轮拆装及动平衡考核评分表

时间：30 分钟　　　　　　　　　　　　　　　任课教师签字：

序号	考核内容	配分/分	评分标准	考核记录	扣分/分	得分/分
一	考前准备（2分）	2	备齐所需的工、量具及设备			
二	车轮的拆卸（30分）	2	放净欲拆轮胎空气			
		2	清除轮胎表面异物			
		2	卸下平衡块			
		2	卸下气门帽和气门芯			
		4	用分离铲分离胎缘与轮辋			
		2	将车轮安装在转盘上			
		2	在轮胎及轮辋边缘涂润滑剂			
		2	拆装头紧靠轮辋外缘，锁紧六方杆和四方横梁			
		4	用撬杠将胎缘撬在拆装头上			
		4	拆出轮胎上缘			
		4	拆出轮胎下缘，取下轮胎与轮辋			
三	车轮的安装（30分）	2	将轮辋放在拆胎机工作盘上并卡紧			
		8	在轮胎唇边涂上少许润滑剂			
		10	安装轮胎下缘			
		5	安装轮胎上缘			
		5	用气压表按规定对轮胎进行充气			
四	车轮动平衡（30分）	2	检查轮胎气压			
		2	清除被测轮胎上的泥土、石子和旧平衡块			
		2	开机检查设备			
		5	安装轮胎			
		8	输入轮胎相关参数			
		5	放下车轮防护罩，测试轮胎			
		6	安装平衡块			
五	职业素养（8分）	3	课堂纪律			
		3	文明操作			
		2	"7S"管理			
合计		100				

任务
2
悬架的构造与拆装检修

姓名：_____ 班级：_____ 日期：_____

 复习与思考

填空题

1. 悬架是_____的所有传力连接装置的总称。

2. 写出图3-45中的零部件名称。

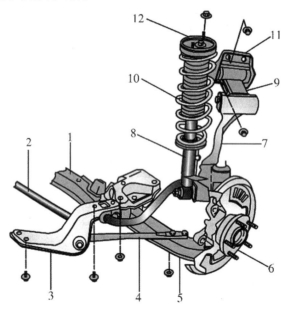

1—_____；2—_____；3—_____；4—黏带式拉杆；5—_____；6—轮毂转向节总成；

7—第三连杆；8—_____；9—上连杆；10—_____；11—上连杆支架；12—_____

图3-45 多杆式独立悬架

3. 写出图 3-46 中各零部件的名称。

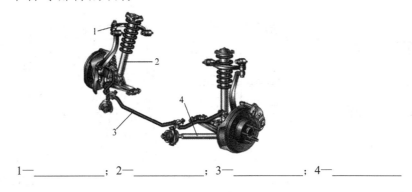

1—_____；2—_____；3—_____；4—_____

图 3-46 横向稳定器

4. 补全图 3-47 中的零部件名称。

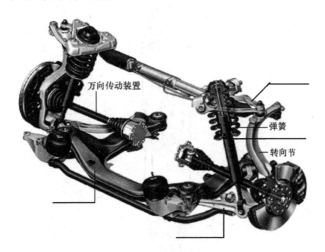

万向传动装置

弹簧

转向节

图 3-47 双横臂式独立悬架

5. 写出图 3-48 中的零部件名称。

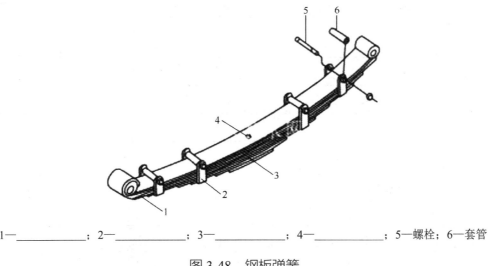

1—_____；2—_____；3—_____；4—_____；5—螺栓；6—套管

图 3-48 钢板弹簧

6. 写出图 3-49 中的零部件名称。

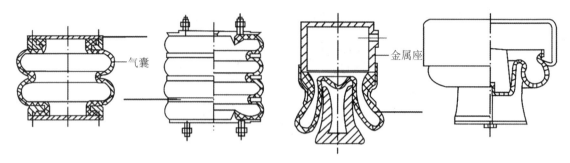

（a）囊式空气弹簧　　　　　　　　　　（b）膜式空气弹簧

图 3-49　空气弹簧

7. 写出图 3-50 中的零部件名称。

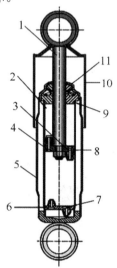

1—_____；2—工作缸；3—_____；4—伸张阀；5—储油缸；6—_____；
7—补偿阀；8—_____；9—导向座；10—_____；11—油封

图 3-50　双向作用筒式减振器

8. 一般悬架由_____、_____、_____、_____组成。

9. 悬架可分为_____和_____2 种。

10. 独立悬架的特点是_____

_____。

11. 独立悬架采用较多的有_____、_____、_____3 种形式。

12. 多杆式独立悬架由_____

_____组成。

13. 麦弗逊式独立悬架目前在轿车中采用很多。麦弗逊式独立悬架将_____

_____螺旋弹簧与其装于一体。这种悬架将双横臂上臂去掉并用橡胶进行支撑，允许滑柱上端做少许角位移。内侧空间大，有利于发动机布置，并降低_____。

14. 钢板弹簧由多片长度不等的弹簧钢片叠加而成，广泛应用于非独立悬架。第一片为_____中心螺栓连接各弹簧片，并保证_____，以免主片独自承载。弹簧夹通过铆钉与最下方弹簧片相连，螺杆上有套管，螺母朝向轮胎。

15. 螺旋弹簧广泛应用于独立悬架，由于只能承受垂直载荷，因此必须装有_____。

16. 扭杆弹簧是一根由_____

_____。当车轮跳动时，摆臂绕着扭杆轴线摆动，扭杆产生扭转，以保证车轮与车架的弹性连接。

17. 气体弹簧具有_____的作用，分为空气弹簧和油气弹簧2种。空气弹簧又有_____和_____2种形式。

18. 双向作用筒式减振器由_____

_____

_____组成。

19. 汽车前轮定位包括_____

_____。

20. 当安装前轮时，_____这种现象称为前轮前束。左右轮的_____之差称为前束值。

21. 前轮前束值采用平地推车法测量：将汽车停在平坦的地面上，在两个转向轮轮胎后面高度的1/2处分别做标记，_____

_____

_____

_____。

两次测量所得距离之差，即转向轮的前束值。推动汽车前进，使转向轮_____，再按上述方法测量转向轮的前束值。取两次测量结果的_____作为该车转向轮的实际前束值。

22. 当汽车水平停放时，在汽车的_____为前轮外倾角。

23. 当汽车水平停放时，_____

_____为主销后倾角。

24．主销内倾是指_____，此角度为主销内倾角。主销内倾的作用是_____。当前轮转向时，前轮接地中心点以主销轴线为中心转动，实际上车轮及汽车前部向上抬高了。汽车的重力_____，使转向轮有保持汽车一直向前行驶的_____。

25．主销内倾角_____，稳定性越好，前轮自动回正的作用_____，但转向时越_____，轮胎磨损_____；反之，主销内倾角越小，前轮自动回正的作用越弱，因此主销内倾角在2°～3°之间为宜。

26．主销内倾角和主销后倾角共同使汽车_____。

27．汽车的四轮转向系统的主要目的是_____

_____。

28．四轮转向原理是汽车前轮在进行转向时，会产生一个作用在前轮的侧向力，____

_____。

29．四轮转向系统有4个主要部件，分别是_____

_____。

判断题

1．非独立悬架只能用在后桥，不能用在前桥。 （ ）

2．钢板弹簧一般是用在非独立悬架汽车上的弹性元件。 （ ）

3．减振器在压缩与伸张过程中的阻尼力是相等的。 （ ）

4．独立悬架的车桥为断开式车桥。 （ ）

5．半主动悬架是对悬架的刚度和阻尼系数都能进行调节控制的悬架。 （ ）

6．单纵臂式独立悬架可以用在转向轴上。 （ ）

7．采用独立悬架的车辆可以提高行驶的操控性和稳定性，而且比非独立悬架有更多的调整点，便于车轮角度的调整。 （ ）

8．按照支撑车轮的方式，悬架可分为独立悬架和非独立悬架，一般经济型轿车后桥采用的扭矩梁式悬架属于独立悬架。 （ ）

9．减振器套筒一定要穿在螺旋弹簧之中才能起到减振作用。 （ ）

10. 对于麦弗逊式独立悬架结构，当调整减振器顶座位置改变外倾角时，主销内倾角会随之改变。 （　　　）

 选择题

1. 目前丰田凯美瑞所选用的后轮悬架是（　　　）。

　　A．E型多连杆式独立悬挂

　　B．双横杆式独立悬架

　　C．双连杆麦弗逊支柱式悬架

2. 单纵臂式独立悬架一般（　　　）。

　　A．多用于转向轮

　　B．不用于转向轮

　　C．用于重型车

3. 下面描述正确的是（　　　）。

　　A．螺旋弹簧需要良好的润滑，且能量吸收率较差

　　B．扭杆弹簧无明显减振作用，需要另外加装减振器

　　C．气体弹簧有减振作用，且不需要导向装置

4. 对悬架作用描述正确的包括（　　　）。

　　A．减缓振动及摇摆

　　B．不能承载车身质量

　　C．使车身与车轮间保持垂直

5. 对于麦弗逊式独立悬架车辆，当减振器由于事故变弯时，可能会导致（　　　）。

　　A．车辆行驶正常

　　B．转向后自动回位

　　C．轮胎磨损

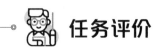 任务评价

教师及学生对本任务学习进行评价

评价内容及评分标准		自我评价（打分）	小组相互评价（打分）	教师评价（打分）
信息收集（15分）	理解任务或问题的程度（5分）			
	收集信息的完整性（5分）			
	对信息（知识）的领会程度（5分）			
制订计划（20分）	计划制订参与程度（10分）			
	计划的合理性及实用性（10分）			
修改计划（15分）	和老师讨论计划（5分）			
	和老师讨论后，是否知道如何改进计划（5分）			
	计划修改后的完整性（5分）			
实施（20分）	是否按计划进行工作（5分）			
	是否亲自实施计划（5分）			
	是否记录工作过程及结果（10分）			
检查（15分）	是否按计划的要求去完成任务（5分）			
	是否达到预期目标（5分）			
	整个工作流程是否与标准流程符合（5分）			
评价（15分）	是否按计划完成了任务或解决了问题（5分）			
	在哪个环节上可以改进（2分）			
	学习团队的合作情况（3分）			
	现场"7S"及劳动纪律（5分）			
总分（100分）				
总评				

 故障诊断与排除

　　李先生开车去保养，向维修技师描述自己的汽车在行驶时出现的故障：汽车在高速公路上行驶速度超过 90km/h 后，就能感觉到车轮跳动和摆振，方向盘也出现振动现象，并且汽车向左跑偏。请根据所学知识分析故障发生的原因并制定解决方案，根据方案排除故障。

 问诊

　　根据客户陈述检查各故障点并按要求填写车辆检查问诊单。

车辆检查问诊单

客户姓名		车牌号		
客户电话		车型		
维修顾问		车架号		
预计交车时间		行驶里程数		燃油表显示
外观确认：		仪表故障信息： 其他：		
客户陈述故障				
报检项目				
建议维修项目				
客户签字		维修顾问签字		

二、制定维修方案

教师将学生分成若干个小组，每组 5 人左右，每组选出一个组长，组长负责对组员进行任务分配，组员按照组长的要求完成相应的任务，并将所完成的任务内容填入个人任务工作表中。

个人任务工作表

序号	任 务	个 人 任 务	完 成 情 况	教师或组长检查结果
1	李先生开车去保养，向维修技师描述自己的汽车在行驶时出现的故障：汽车在高速公路上行驶速度超过 90km/h 后，就能感觉到车轮跳动和摆振，方向盘也出现振动现象，并且汽车向左跑偏。请根据所学知识排除相关故障			
2				
3				
4				

三、填写维修卡

根据检查的结果制定维修方案并按要求填写维修卡。

维修卡

服务专员		日期		制单人员	
工单号		进厂日期		发动机号	
车主		车主电话		车架号	
地址					
车牌号		车型			
检查结果					
维修方案	1. 拆装				
	2. 维修				
	3. 更换				
维修人员签字		组长签字		指导教师签字	

四、填写维修工单

根据维修方案排除故障并按要求填写维修工单。

维修工单

服务专员		日期		制单人员	
工单号		进厂日期		发动机号	
车主		车主电话		车架号	
地址					
车牌号		预计交车时间		质检	
车型		路试		洗车	
维修类别		进厂里程		保修结束里程	
维修项目	维修内容		工时	单价	金额
1. 拆装					
2. 修复					
3. 喷漆					
4. 更换					
5. 机修					
6. 四轮定位					
客户签字		维修技师签字		洗车技师签字	
		终检签字		维修经理签字	

项目四

转向系统

任务 1 认识转向系统

姓名：_____ 班级：_____ 日期：_____

复习与思考

填空题

1. 转向系统的作用是_____。

2. 机械式转向器由_____、_____、_____3个部分组成，当汽车转向时，驾驶员作用于转向盘上的力，经过_____传到转向器，转向器将转向力放大后，又通过转向盘的传递，推动转向轮偏转，使汽车行驶方向改变。

3. 液压式动力转向系统是在机械转向系统的基础上，_____。

4. 当汽车转向时，由发动机驱动的油泵产生_____，高压油在_____的作用下，进入动力缸推动转向轮偏转，这时作用在_____就很小，从而减轻了驾驶员的劳动强度。

5. 电动式动力转向系统由_____组成。

6. 转向盘在_____称为转向盘的自由行程。

7. 转向盘从相应于汽车直线行驶的中间位置向任何一方向的自由行程不应超过_____，当自由行程超过25°～30°时，必须及时进行调整。

8. 转向盘的自由行程有利于_____，避免驾驶员过度紧张，但不宜_____，过大会导致车辆在进行转向动作的时候反应过慢，增加了车辆的_____；过小则会很容易地改变车辆原来行驶的轨迹，增加_____。

9. 自由行程的测量依据：根据 GB 7258—2018 中相关规定，当最大设计车速≥100km/h 时，自由行程小于_____；当最大设计车速≤100km/h 时，自由行程小于_____。

10. 自由行程的测量方法：首先将汽车停在平坦地面上，使前轮保持直线位置，前轮、轮辋固定不动，在转向盘上分别施加_____N·m的正、反力矩，测定_____（直行位置转向盘的自由行程）。

判断题

1. 当汽车转向时，内外转向轮的偏转角度是相等的。 （   ）

2. 当汽车转向时，所有车轮的轴线都相交于一点。 （   ）

3. 在转向系统正常的情况下，转向盘没有自由行程。 （   ）

4. 转向盘转向过重，一般与四轮定位有关。 （   ）

5. 转向盘到转向器之间的传动采用万向传动装置完成。 （   ）

选择题

1. 所有车轮的轴线都相交于一点，该点称为（   ）。

   A．转向半径

   B．转向中心

   C．转向角

   D．转向偏离角

2. 由转向中心到外转向轮与地面接触点的距离称为（   ）。

   A．转向半径

   B．转向角

   C．转向距离

   D．转向力臂

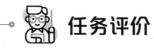

任务评价

教师及学生对本任务学习进行评价

评价内容及评分标准		自我评价（打分）	小组相互评价（打分）	教师评价（打分）
信息收集（15分）	理解任务或问题的程度（5分）			
	收集信息的完整性（5分）			
	对信息（知识）的领会程度（5分）			
制订计划（20分）	计划制订参与程度（10分）			
	计划的合理性及实用性（10分）			
修改计划（15分）	和老师讨论计划（5分）			
	和老师讨论后，是否知道如何改进计划（5分）			
	计划修改后的完整性（5分）			
实施（20分）	是否按计划进行工作（5分）			
	是否亲自实施计划（5分）			
	是否记录工作过程及结果（10分）			
检查（15分）	是否按计划的要求去完成任务（5分）			
	是否达到预期目标（5分）			
	整个工作流程是否与标准流程符合（5分）			
评价（15分）	是否按计划完成了任务或解决了问题（5分）			
	在哪个环节上可以改进（2分）			
	学习团队的合作情况（3分）			
	现场"7S"及劳动纪律（5分）			
总分（100分）				
总评				

97

任务 2   **机械转向系统的构造与拆装检修**

姓名：＿＿＿＿＿＿＿　　班级：＿＿＿＿＿＿＿　　日期：＿＿＿＿＿＿＿

 复习与思考

填空题

1. 机械转向系统由＿＿＿＿＿＿＿、＿＿＿＿＿＿＿、＿＿＿＿＿＿＿3个部分组成。

2. 补全图4-1中零部件名称。

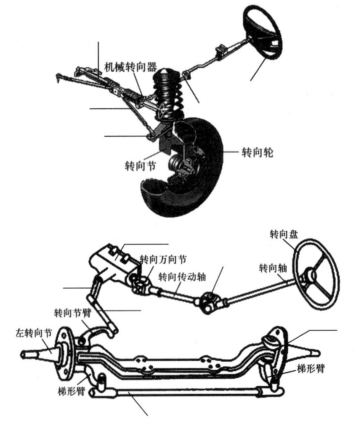

图4-1 机械转向系统

3．转向器的作用是_____

_____。

4．转向传动机构的作用是_____

_____。

5．转向操纵机构由_____等组成。

6．转向盘由_____组成。转向盘轮毂的细牙内花键与转向轴连接。转向盘上都装有_____，有些轿车的转向盘上还装有车速控制开关和安全气囊。

7．齿轮齿条式转向器由_____等组成。

8．齿轮齿条式转向器的工作原理：驾驶员通过转向操纵机构转动转向齿轮，从而使转向齿条移动，_____。

9．循环球式转向器由_____等组成。

10．转向传动机构由_____转向梯形等组成。

11．与非独立悬架配用的转向传动机构的转向摇臂是_____，其大端用锥形三角细花键与转向器中摇臂轴外端连接，以保证在圆周上受力均匀。

12．转向直拉杆是_____的传动件。

13．与独立悬架配用的转向传动机构的主要部件有_____、防尘套等，采用了齿轮齿条式转向器，则省略了转向传动机构中的转向直拉杆等部件，转向传动机相对来说要简单一些，且较实用。

14．转向横拉杆分为_____，其内端是与转向横拉杆压接成一体的不可调节的圆孔接头，孔内压装有橡胶—金属缓冲环，与转向齿条上的连接支架下部的两孔用螺栓铰链连接。转向横拉杆外端为带球头销的可调式接头，_____相连，用防松螺母拧紧，通过调节转向横拉杆长度可调整_____。

15．转向减振器缸筒一端固定在转向器壳体上，_____连接，通过_____，油液在活塞的节流阀上下流动而产生阻尼力，来吸收路面不平而产生的_____。

16．前桥转向臂直接焊在_____。

🔍 判断题

1．在齿轮齿条式转向器中，齿条为主动元件。　　　　　　　　　　（　　）

2．转向操纵机构的作用是将驾驶员转动转向盘的操纵力传给转向器。　（　　）

3．转向器的作用是增大由转向盘传到转向节的力但不改变力的传递方向。（　　）

4．中间输出的齿轮齿条式转向器的工作原理与两端输出的齿轮齿条式转向器不同。

（　　）

5．从转向器到转向轮之间的所有传动杆件统称为转向传动机构。（　　）

6．转向器是转向系统中的减速增力装置。（　　）

选择题

1．将驾驶员作用在转向盘上的力矩放大，并传给转向传动机构的是（　　）。

  A．转向柱　　　　　　　　　　　B．转向传动轴

  C．转向器　　　　　　　　　　　D．转向节

2．在轿车中，转向盘从左极限打到右极限一般需要转动（　　）圈。

  A．3　　　　　　　　　　　　　B．4

  C．5　　　　　　　　　　　　　D．6

3．循环球式转向器由（　　）套传动副组成。

  A．1　　　　　　　　　　　　　B．2

  C．3　　　　　　　　　　　　　D．4

4．（　　）是连接汽车左右梯形臂的杆件，它与左右梯形臂及前轴形成转向梯形机构。

  A．转向摇臂　　　　　　　　　　B．转向直拉杆

  C．转向横拉杆　　　　　　　　　D．转向盘

 专业技能实训

补全五菱汽车转向器的拆装步骤，并在实训车间完成实际操作。

一 拆卸步骤

（1）将转向器轻轻夹在台虎钳上，钳口应垫上铝皮或紫铜皮等保护物，并要夹在壳体的安装位置，夹在其他位置_____，如图4-2所示。

（2）拧松锁紧螺母，用专用套筒扳手拆下调整螺塞，取出调节弹簧及缓冲胶圈、调整压块等，如图4-3所示。

图 4-2 _____　　　　图 4-3 _____

（3）拧下齿轮锁紧螺母，取出齿轮，如图 4-4 所示。

图 4-4 _____

（4）拆下防尘套、密封件，拉出齿条（齿轮组件可不拆），如图 4-5 所示。

图 4-5 _____

二、安装步骤

（1）在要装配的齿条表面、导管等处涂上润滑剂，在壳体内腔注以_____。

（2）安装密封件、防尘套等。

（3）安装齿条。

（4）安装调整压块、缓冲胶圈、调节弹簧，安装锁紧螺母。

（5）调整齿轮、齿条啮合预紧度。

三、检修

（1）目测齿轮、齿条齿面的_____。

（2）用_____与导套的间隙（间隙=导套直径－齿条直径），其标准值为_____mm。

（3）用_____的自由长度，其标准值为_____ mm。

（4）用手压缩或拉伸防尘套等，检查其_____。

（5）检查通气管是否堵塞。

（6）螺母一经拆卸，必须_____。为确保转向装置安全可靠，转向器各零部件不允许进行_____。

（7）转向器一经拆卸，必须调整齿轮、齿条间隙，调整方法是_____

_____

_____

_____

_____

_____。

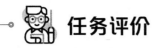

任务评价

教师及学生对本任务学习进行评价

评价内容及评分标准		自我评价（打分）	小组相互评价（打分）	教师评价（打分）
信息收集（15分）	理解任务或问题的程度（5分）			
	收集信息的完整性（5分）			
	对信息（知识）的领会程度（5分）			
制订计划（20分）	计划制订参与程度（10分）			
	计划的合理性及实用性（10分）			
修改计划（15分）	和老师讨论计划（5分）			
	和老师讨论后，是否知道如何改进计划（5分）			
	计划修改后的完整性（5分）			
实施（20分）	是否按计划进行工作（5分）			
	是否亲自实施计划（5分）			
	是否记录工作过程及结果（10分）			
检查（15分）	是否按计划的要求去完成任务（5分）			
	是否达到预期目标（5分）			
	整个工作流程是否与标准流程符合（5分）			
评价（15分）	是否按计划完成了任务或解决了问题（5分）			
	在哪个环节上可以改进（2分）			
	学习团队的合作情况（3分）			
	现场"7S"及劳动纪律（5分）			
总分（100分）				
总评				

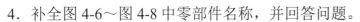

任务 **3** 动力转向系统的构造与拆装检修

姓名：_____   班级：_____   日期：_____

复习与思考

填空题

1. 动力转向系统由_____组成。

2. 根据助力能源形式的不同，动力转向系统可以分为_____、_____、_____3种类型。

3. 液压式动力转向系统应用较为普遍，分为_____2种类型。

4. 补全图4-6～图4-8中零部件名称，并回答问题。

图4-6 常压液压式动力转向系统

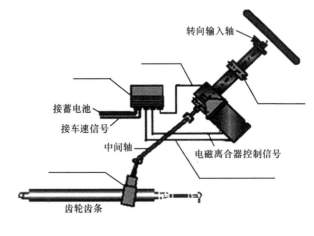

图4-7 电动式动力转向系统

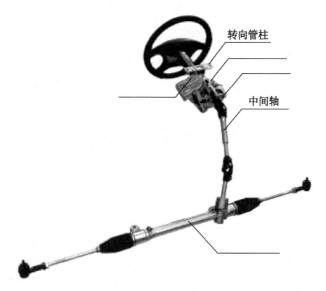

转向管柱

中间轴

图 4-8 转向管柱电子转向机

（1）常压液压式动力转向系统的特点是_____

_____。

（2）常流液压式动力转向系统的特点是_____

_____。

5. 常流液压式动力转向系统的转向（工作）原理是什么？

（1）当汽车直线行驶时，滑阀依靠阀体内的回位弹簧保持在_____。油泵输送来的工作油，从滑阀和滑体环槽边缘的环形缝隙_____

_____

_____。

（2）当汽车右转弯时，转向盘右转，转向杆右转，与转向轴连成一体的滑阀和左旋螺杆克服回位弹簧的弹力和反作用在柱塞一侧的油压力而向右移动，_____

_____

_____。

（3）当转向盘转过一定角度保持不变时，螺母不再继续相对于螺杆左移，_____

_____

_____。

6. 检查液压油中是否混有空气的方法是什么？

启动发动机，使发动机在_____转速下运转，并使转向盘在左右极限位置来回转动几次，当油温上升至_____时，观察液压油是否有起泡或乳化现象。如有，则说明液压油中混有空气。

7. 如何检查动力转向系统中液压油的品质？

如果液压油变质、黏度过大或含有杂质，则应对其进行更换，方法为＿＿＿＿＿＿＿＿

＿＿＿＿＿＿＿＿＿＿＿＿＿＿＿＿＿＿＿＿＿＿＿＿＿＿＿＿＿＿＿＿＿＿＿＿＿＿＿。

8. 电动式动力转向系统利用直流电动机提供转向动力，辅助驾驶员进行转向操作。电动式动力转向系统根据其助力机构的不同，可以分为＿＿＿＿＿＿＿＿＿＿＿＿＿＿

＿＿＿＿＿＿＿＿＿＿＿＿＿＿＿＿＿＿＿＿＿＿＿＿＿＿＿＿＿＿＿＿＿＿＿＿＿＿＿。

9. 电动液压式动力转向系统的液压泵（齿轮泵）通过电动机驱动，与发动机在机械上毫无关系，助力效果只与转向盘角速度和行驶速度有关，是典型的可变助力转向系统。其特点是＿＿＿＿＿＿＿＿＿＿＿＿＿＿＿＿＿＿＿＿＿＿＿＿＿＿＿＿＿＿＿＿

＿＿＿＿＿＿＿＿＿＿＿＿＿＿＿＿＿＿＿＿＿＿＿＿＿＿＿＿＿＿＿＿＿＿＿＿＿＿＿。

10. 直接助力式电动转向系统是＿＿＿＿＿＿＿＿＿＿＿＿＿＿＿＿＿＿＿＿＿＿＿＿＿

＿＿＿＿＿＿＿＿＿＿＿＿＿＿＿＿＿＿＿＿＿＿＿＿＿＿＿＿＿＿＿＿＿＿＿＿＿＿＿。

判断题

1. 当汽车转向时，转弯半径越小，转向助力越小。 （ ）
2. 动力转向系统是在机械转向系统的基础上增加一套加力装置形成的。 （ ）
3. 采用动力转向的汽车，当转向加力装置失效时，汽车就无法转向了。 （ ）
4. 在液压式动力转向系统中，当车辆右转向时，液压油应施加在工作缸右侧。
（ ）
5. 电动式动力转向（EPS）系统是在传统机械转向系统的基础上发展起来的。
（ ）

选择题

1. 汽车行驶速度越快，转向时电动式动力转向系统产生的助力作用（ ）。
   A. 越小 B. 越大 C. 相同 D. 不能确定
2. 在液压式动力转向系统中，转向助力泵由（ ）驱动。
   A. 发动机 B. 电动机 C. 变速器 D. 离合器

3. 下列哪些零部件属于动力转向装置（　　）。

    A．转向盘　　　　　B．阻力器　　　　　C．转向油泵　　　　　D．转向柱

4. 在动力转向系统中，转向所需的能源主要来自（　　）。

    A．转向盘　　　　　B．驾驶员　　　　　C．发动机　　　　　D．变速器

专业技能实训

补全操作步骤，并在实训车间完成实际操作。

一、转向油的更换

（1）放油。

① 支起汽车前部，使两前轮_____。

② 拧下_____。

③ 发动机怠速运转，在放转向油的同时，_____。

（2）加油。

① 启动发动机，_____。

② 停止发动机，支起汽车前部，并用支架支撑，_____

_____

_____。

③ 检查转向储油罐中油面高度，视需要加至_____。

④ 降下汽车前部，启动发动机怠速运转，连续转动转向盘，_____

_____

_____。

（3）排气。

① 发动机启动后，_____，如果
系统中混有大量空气，自动排挡液混浊，系统会发出_____，则
需要重复上述步骤，使油温升高，将空气排尽。

② 转向盘保持在极限位置的时间_____，否则容易造成叶片泵过热而损坏。

③ 若转向盘转到极限位置时有_____

_____

_____。

二、液压式动力转向系统常见故障诊断与排除

（1）动力转向沉重故障的主要原因有哪些？

① _____。

② _____。

③ _____。

④ _____。

⑤ 转向装置润滑不良。

（2）动力转向沉重故障的排除方法有哪些？

① _____。

② _____。

③ _____。

④ _____。

⑤ _____。

（3）液压式动力转向系统噪声故障的主要原因有哪些？

① _____。

② _____。

③ _____。

④ _____。

⑤ _____。

（4）液压式动力转向系统噪声故障的排除方法有哪些？

① _____。

② _____。

③ _____。

④ _____。

⑤ _____。

（5）左右转向轻重不同故障的主要原因有哪些？

① 分配阀滑阀调整不当，＿＿＿＿＿＿＿＿＿＿＿＿＿＿＿＿＿＿＿＿＿＿＿＿。

② ＿＿＿＿＿＿＿＿＿＿＿＿＿＿＿＿＿＿＿＿＿＿＿＿＿＿＿＿＿＿＿＿＿＿＿。

③ 滑阀或阀体台肩处有＿＿＿＿＿＿＿＿＿＿＿＿＿＿＿＿＿＿＿＿＿＿＿＿＿。

④ 滑阀内有污物等，＿＿＿＿＿＿＿＿＿＿＿＿＿＿＿＿＿＿＿＿＿＿＿＿＿＿。

⑤ ＿＿＿＿＿＿＿＿＿＿＿＿＿＿＿＿＿＿＿＿＿＿＿＿＿＿＿＿＿＿＿＿＿＿＿。

（6）左右转向轻重不同故障的排除方法有哪些？

① ＿＿＿＿＿＿＿＿＿＿＿＿＿＿＿＿＿＿＿＿＿＿＿＿＿＿＿＿＿＿＿＿＿＿＿。

② ＿＿＿＿＿＿＿＿＿＿＿＿＿＿＿＿＿＿＿＿＿＿＿＿＿＿＿＿＿＿＿＿＿＿＿。

③ ＿＿＿＿＿＿＿＿＿＿＿＿＿＿＿＿＿＿＿＿＿＿＿＿＿＿＿＿＿＿＿＿＿＿＿。

④ ＿＿＿＿＿＿＿＿＿＿＿＿＿＿＿＿＿＿＿＿＿＿＿＿＿＿＿＿＿＿＿＿＿＿＿。

⑤ ＿＿＿＿＿＿＿＿＿＿＿＿＿＿＿＿＿＿＿＿＿＿＿＿＿＿＿＿＿＿＿＿＿＿＿。

 任务评价

教师及学生对本任务学习进行评价

评价内容及评分标准		自我评价（打分）	小组相互评价（打分）	教师评价（打分）
信息收集（15分）	理解任务或问题的程度（5分）			
	收集信息的完整性（5分）			
	对信息（知识）的领会程度（5分）			
制订计划（20分）	计划制订参与程度（10分）			
	计划的合理性及实用性（10分）			
修改计划（15分）	和老师讨论计划（5分）			
	和老师讨论后，是否知道如何改进计划（5分）			
	计划修改后的完整性（5分）			
实施（20分）	是否按计划进行工作（5分）			
	是否亲自实施计划（5分）			
	是否记录工作过程及结果（10分）			
检查（15分）	是否按计划的要求去完成任务（5分）			
	是否达到预期目标（5分）			
	整个工作流程是否与标准流程符合（5分）			
评价（15分）	是否按计划完成了任务或解决了问题（5分）			
	在哪个环节上可以改进（2分）			
	学习团队的合作情况（3分）			
	现场"7S"及劳动纪律（5分）			
总分（100分）				
总评				

 故障诊断与排除

张先生开车跑了 100km 左右的山路，在下坡转弯时发现方向盘比较沉重，靠边停车检查，发现汽车有异响，转向反应时间比较长。请根据所学知识分析故障发生的原因并制定解决方案，根据方案排除故障（限转向系统）。

 问诊

根据客户陈述检查各故障点并按要求填写车辆检查问诊单。

车辆检查问诊单

客户姓名		车牌号			
客户电话		车型			
维修顾问		车架号			
预计交车时间		行驶里程数		燃油表显示	
外观确认：		仪表故障信息： 其他：			
客户陈述故障					
报检项目					
建议维修项目					
客户签字		维修顾问签字			

二、制定维修方案

教师将学生分成若干个小组，每组5人左右，每组选出一个组长，组长负责对组员进行任务分配，组员按照组长的要求完成相应的任务，并将所完成的任务内容填入个人任务工作表中。

个人任务工作表

序号	任 务	个 人 任 务	完 成 情 况	教师或组长检查结果
1	张先生开车跑了100km左右的山路，在下坡转弯时发现方向盘比较沉重，靠边停车检查，发现汽车有异响，转向反应时间比较长。请根据所学知识排除相关故障			
2				
3				
4				

三、填写维修卡

根据检查的结果制定维修方案并按要求填写维修卡。

维修卡

服务专员		日期		制单人员	
工单号		进厂日期		发动机号	
车主		车主电话		车架号	
地址					
车牌号		车型			
检查结果					
维修方案	1. 拆装				
	2. 维修				
	3. 更换				
维修人员签字		组长签字		指导教师签字	

四、填写维修工单

根据维修方案排除故障并按要求填写维修工单。

维修工单

服务专员		日期		制单人员	
工单号		进厂日期		发动机号	
车主		车主电话		车架号	
地址					
车牌号		预计交车时间		质检	
车型		路试		洗车	
维修类别		进厂里程		保修结束里程	
维修项目	维修内容		工时	单价	金额
1.拆装					
2.修复					
3.喷漆					
4.更换					
5.机修					
6.四轮定位					
客户签字		维修技师签字		洗车技师签字	
		终检签字		维修经理签字	

制动系统

制动器的构造与工作原理

姓名：＿＿＿＿＿＿＿　　　班级：＿＿＿＿＿＿＿　　　日期：＿＿＿＿＿＿＿

复习与思考

填空题

1. 制动系统主要由＿＿＿＿＿＿＿＿＿＿＿＿＿＿＿＿＿＿＿＿＿＿＿＿＿＿＿＿＿4 个部分组成。

2. 补全图 5-1～图 5-4 中的零部件名称。

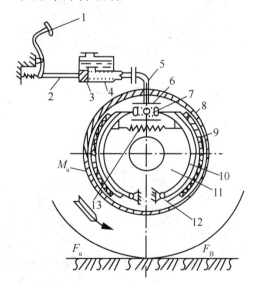

1—＿＿＿＿＿＿；2—推杆；3—＿＿＿＿＿；4—＿＿＿＿；5—油管；6—制动轮缸；7—＿＿＿＿＿；

8—＿＿＿＿；9—摩擦片；10—＿＿＿＿＿；11—制动底板；12—支承销；13—＿＿＿＿＿

图 5-1　行车制动装置结构

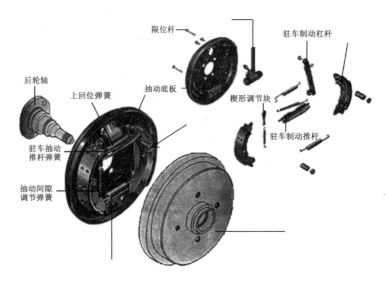

图 5-2　鼓式制动器结构

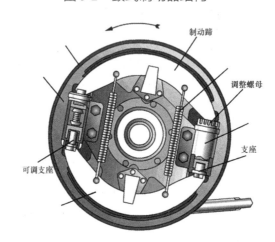

图 5-3　双向双领蹄式制动器

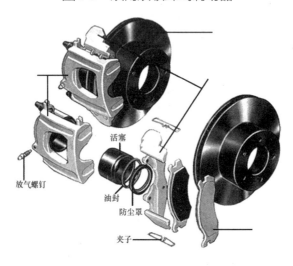

图 5-4　浮钳盘式制动器

3．制动器按结构可分为_____和_____。

4．制动器按安装位置可分为_____。车轮制动器可用于行车制动和驻车制动，中央制动器只用于驻车制动和缓速制动。

5．鼓式制动器的旋转元件是_____，固定元件是_____，制动时制动蹄在促动装置作用下向外旋转，外表面的摩擦片压靠到制动鼓的内圆柱面上，对制动鼓产生制动摩擦力矩。

6．领蹄在摩擦力的作用下，_____。从蹄在摩擦力的作用下，蹄和鼓之间的正压力较小，制动作用较弱。

7．领从蹄式制动器的 2 个制动蹄作用_____不等，这种制动器称为非平衡式制动器。

8．_____称为双领蹄式制动器。

9．双领蹄式制动器与领从蹄式制动器在结构上主要有两点不同：一是双领蹄式制动器的 2 个制动蹄各用_____，而领从蹄式制动器的 2 个制动蹄共用一个_____；二是双领蹄式制动器的制动蹄、制动轮缸、支承销在制动底板上的布置是_____
_____。

10．_____称为双从蹄式制动器。

11．单向双领蹄式制动器、双向双领蹄式制动器、双从蹄式制动器的固定元件布置都是_____。如果间隙调整正确，则制动鼓受 2 个制动蹄施加的_____，不会对轮毂轴承造成附加径向负荷。因此，这 3 种制动器都属于_____制动器。

12．当制动鼓正向旋转时，前制动蹄为第一蹄，后制动蹄为第二蹄；当制动鼓反向旋转时，则情况相反。在制动时，第一蹄只受一个促动力 F_s，而第二蹄受 2 个促动力 F_s 和 S，且 $S > F_s$。考虑到汽车前进制动的机会远多于_____，且前进制动时制动器工作负荷远大于倒车制动，故第二蹄的摩擦片面积_____。

13．盘式制动器主要有_____2 种，其中汽车上常用的是钳盘式制动器。钳盘式制动器的_____。钳盘式制动器分为_____和定钳盘式制动器。

14．浮钳盘式制动器的结构与定钳盘式制动器相比有哪些特点？

（1）_____。

（2）_____。

（3）_____。

15．浮钳盘式制动器的工作原理是什么？

_____

_____

_____。

16．与定钳盘式制动器相比，浮钳盘式制动器_____，而且制动液_____。此外，当浮钳盘式制动器同时用于行车制动器和驻车制动器时，只需要在行车制动钳油缸附近加装一些用以推动油缸活塞的驻车制动机械传动零部件即可。

17．按在汽车上安装位置的不同，驻车制动装置分为_____2种。前者的制动器_____，称为中央制动器；后者和行车制动装置共用一套制动器，结构简单紧凑，已在轿车上得到普遍应用。

判断题

1．每套制动装置都是由制动器和制动传动装置组成的。　　　　（　　）

2．双领蹄式制动器和鼓式制动器的 2 个制动蹄都以安装在衬板下端的支点为固定支点。　　　　（　　）

3．一般，轿车的前轮采用鼓式制动器，后轮采用盘式制动器。　　　　（　　）

4．若前轮抱死，则汽车的转向操纵性能将丧失。　　　　（　　）

5．制动液性能稳定，若无异常泄漏，则只需要检查，无须定期更换。　　　　（　　）

6．在修理时，制动鼓和制动蹄的曲率半径应相等。　　　　（　　）

7．在汽车制动过程中，车辆向右跑偏，说明左侧车轮制动力大。　　　　（　　）

8．盘式制动器在使用一段时间后需要调整制动间隙。　　　　（　　）

9．浮动式盘式制动器在工作时，制动活塞先动作，制动钳后动作。　　　　（　　）

10．当车辆进行制动时，若发现有异响，则可以通过打磨制动片的方式排除异响故障。

　　　　（　　）

选择题

1．在行驶过程中制动时，车辆出现向右跑偏的现象，这样的故障一般是（　　）造成的。

A．方向不稳　　　　　　　　　　B．左右胎气压不足

C．右侧制动器制动力大于左侧　　D．四轮定位不正确

2．车辆在进行制动时，（　　）先制动。

  A．前轮   B．后轮

  C．前后轮同时制动   D．不确定

3．在车辆制动过程中，制动器出现异响，一般是（　　）造成的。

  A．制动盘不平   B．制动片表面硬化

  C．制动油压不足   D．制动器发卡

4．盘式制动器在工作过程中，内侧制动片的移动是由（　　）推动的。

  A．活动钳   B．导向销

  C．制动活塞   D．制动盘

5．轿车在进行驻车时，一般将（　　）进行制动。

  A．前轮   B．后轮

  C．变速器输出轴   D．变速器输入轴

6．在添加制动油时，应加到（　　）比较合适。

  A．低油位   B．高油位

  C．高低油位之间   D．低于低油位

 专业技能实训

 补全鼓式制动器的拆卸步骤，并在实训车间完成实际操作

（1）拧松轮胎螺栓，将汽车平稳支撑起来，拆下轮胎，如图5-5所示。注意：在拧松轮胎螺栓时，注意螺栓的旋向。拆卸制动鼓前，应先使_____。

图5-5 _____

（2）拆卸半轴与轮毂的连接螺栓，取下半轴，如图 5-6 所示。在取出半轴时要注意_____。

图 5-6 _____

（3）先用螺栓将制动鼓顶松，再用手将制动鼓抱着拉出来，如图 5-7 所示。

图 5-7 _____

（4）用专用套筒拆卸锁紧螺母，取出保险垫片、调整螺母，如图 5-8 所示。

注意：调整螺母和锁紧螺母不同，调整螺母比锁紧螺母多出一个_____，要注意区分。

图 5-8 _____

（5）用拉马将制动器的轮毂拉松，轴承脱离轴承位后，将外轴承、油封小心地拿出来，如图 5-9 所示。注意：在即将拉出来时，要防止_____。同样用拉马将内轴承拉出来，取出油封。注意：_____。

（6）用旋具、鲤鱼钳或螺丝刀将右制动蹄的回位弹簧拆下来，如图 5-10 所示。注意：

_____。

图 5-9 _____   图 5-10 _____

（7）用同样的方法拆卸左制动蹄的回位弹簧。

注意：_____，不要装错。

（8）拆卸左、右制动蹄的压紧装置，取下左、右制动蹄，拉紧弹簧和调整器，如图 5-11 所示。

注意：_____，注意区分，后面（靠近车尾）的摩擦片_____。

（9）拆卸制动分泵，如图 5-12 所示。拆卸时要注意两端的活塞，不要让活塞掉出来。在检修时，如不漏油，一般不拆制动分泵。如无损坏，一般不拆制动底板。

图 5-11 _____   图 5-12 _____

二、补全鼓式制动器的安装步骤，并在实训车间完成实际操作

（1）将拆卸下来的所有的零部件清洗干净，并用干净的压缩空气吹干待用。

（2）安装制动分泵，将左、右制动蹄用拉紧弹簧和调整器连接起来，整体装到制动底板上。注意：_____。

（3）将制动蹄片的固定销轴从制动底板的另一面穿过来，装上弹簧和锁片，如图 5-13 所示。

图 5-13 _____

（4）安装弹簧定位片，注意方向应呈正立三角形，如图 5-14 所示。用螺丝刀或其他工具安装回位弹簧，如图 5-15 所示。

图 5-14 _____　　　图 5-15 _____

（5）安装内轴承油封并在上面均匀地涂上润滑剂，如图 5-16 所示。注意油封的_____。

图 5-16 _____

（6）检查内轴承，并在上面均匀地涂上润滑剂，如图 5-17 所示。用专用工具将内轴承压装到位，如图 5-18 所示。

图 5-17 _____　　　图 5-18 _____

（7）安装制动轮毂、外轴承，如图 5-19 所示。注意：在安装制动轮毂的时候应水平缓慢地装配到位，轴承及制动轮毂的中间部位应均匀地涂上润滑剂，如图 5-20 所示。

图 5-19 _____

图 5-20 _____

（8）安装调整螺母、保险垫片、锁紧螺母。注意：调整螺母上有定位销的一面朝外，如图 5-21 所示，调整螺母分两次拧紧，退回_____圈后，检查预紧度，如果太松或太紧，就要拧紧或放松调整螺母。用手在轴向、径向上用力推拉和摇动轮毂应感觉无间隙；转动轮毂应灵活自如，无卡滞现象。保险垫片可以用尖嘴钳夹着平稳地安装，如图 5-22 所示。

图 5-21 _____

图 5-22 _____

（9）双手将制动鼓平稳地装到制动轮毂上，对角交叉交替拧紧螺母至规定力矩，如图 5-23 所示。

图 5-23 _____

（10）安装半轴。将半轴水平缓慢地装入后桥中，当装到外轴承位时，先用手压住半轴凸缘端，再向里推装，如图 5-24 所示。

图 5-24 _____

（11）调整制动装置。在调整制动装置的时候，首先将制动装置调紧（用手不能转动），然后后退_____格，直到制动鼓能自由转动无阻力感为止，如图 5-25 所示。

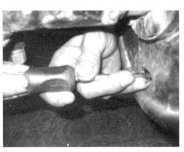

图 5-25 _____

（12）排空气。将制动系统中的空气排出。此操作需要两人配合共同完成，一个人踩动制动踏板数次（5 次左右），当有明显的阻力时，踩住踏板不动；另一个人旋松排气阀让制动液流出，再拧紧。如此反复进行，直到排出的制动液中无气泡为止。

（13）制动效能的检验标准是什么？

① 乘用车_____

_____

_____

_____。

② 低速货车_____

_____

_____

_____。

三、补全鼓式制动器的检修步骤，并在实训车间完成实际操作

1．制动蹄摩擦片厚度

（1）用游标卡尺或直尺测量制动蹄摩擦片的厚度，标准值为_____mm，使用极限为_____mm。铆钉与摩擦片表面距离不得小于_____mm。

（2）目测检查制动蹄摩擦片的表面。表面应无裂痕、损坏、烧坏等现象。已烧坏或光滑（像玻璃表面）的摩擦片使用_____的砂纸研磨修补（砂纸打磨）。

2．制动鼓

（1）用游标卡尺测量制动鼓的内径，其圆度误差不得大于_____mm，直径不得超过规定的极限值。制动蹄摩擦片与制动鼓之间的正常间隙为_____mm。

（2）目测检查制动鼓内表面应无_____等现象。用敲击法检查应无裂痕。

（3）将后制动鼓摩擦片表面打磨干净后，靠在后制动鼓上，检查二者的_____，应不小于_____。

3．制动分泵

用尖嘴钳或其他工具检查制动分泵的活塞，应转动_____。目测检查油封无漏油现象、表面无_____。

4．前轴（转向节）

（1）目测检查表面应无_____。

（2）用千分尺检查前轴上轴承位置的_____，其误差不得超过原厂要求。

5．回位弹簧的检查

（1）目测检查回位弹簧应无_____。

（2）用直尺测量回位弹簧的自由长度，若弹簧自由长度增加_____，则应更换新弹簧。

6．轴承

目测检查轴承表面应无_____等缺陷，用手转动应_____现象。

7．油封

目测检查油封无漏油现象、表面无＿＿＿＿＿＿＿＿＿＿＿＿＿＿＿＿＿＿＿等缺陷，油封唇口完好。

四、补全盘式制动器的拆卸步骤，并在实训车间完成实际操作

（1）拧松轮胎的螺栓，用举升机将汽车升起，拆卸车轮，如图5-26所示。注意：＿＿＿

＿＿＿

＿＿＿＿＿＿＿＿＿＿＿＿＿＿＿＿＿＿＿＿＿＿＿＿＿＿＿＿＿＿＿＿＿＿＿＿＿＿＿。

图5-26 ＿＿＿＿＿＿

（2）拆卸制动钳螺栓，若制动系统的液压部分无故障，则可以不拆油管，如图5-27所示。

（3）拆卸制动钳，如图5-28所示。如果检查制动摩擦片，可以只拆卸一个制动螺栓后，向上旋转制动钳机构。

图5-27 ＿＿＿＿＿＿　　　　　　　　　　图5-28 ＿＿＿＿＿＿

（4）拆卸制动摩擦片，如图5-29所示。

（5）拆卸摩擦片固定弹簧片（见图5-30）。注意：＿＿＿＿＿＿＿＿＿＿＿＿＿＿＿。

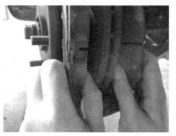

图 5-29 _____　　　　　　　　　图 5-30 _____

五、按拆卸的相反顺序完成盘式制动器的安装操作

安装顺序与拆卸顺序相反，此处不再赘述。

六、液压制动系统常见故障诊断与排除

1. 制动不灵

（1）故障现象：在汽车行驶过程中，迅速将制动器踏板踩到底，汽车不能立即减速、停车。制动减速度小，制动距离过长。

（2）故障原因是什么？

① _____。

② _____。

③ _____。

④ _____。

⑤ _____。

⑥ _____。

⑦ _____。

⑧ _____。

（3）故障诊断与排除的方法有哪些？

当汽车的液压制动系统出现制动不灵时，可采用"三脚制动"（轻踏、快踏和连踏）凭"脚感"来快速诊断。具体步骤如下所述。

① 第一脚制动：轻踏，即用脚尖或前脚掌轻踏制动踏板。若把踏板踏到全程的_____ _____时才感到有制动阻力，则说明踏板自由行程过大，应予调整。当用前脚掌轻踏制动踏板时，若_____比以前硬，甚至踏不动，则说明制动总泵及分泵皮碗发胀、变形以致卡死或制动液使用过久产生了沉淀阻塞了管路，应

更换＿＿＿＿＿＿＿＿＿＿＿＿＿＿＿；若踏下制动踏板时感觉＿＿＿＿＿＿＿＿＿＿＿＿＿，并富有弹性，则说明液压制动管路内有空气或制动液受热汽化，应拧紧＿＿＿＿＿＿＿＿＿＿＿＿，根据不同车型，按规定要求进行放气；若踏下制动踏板后松开，此时＿＿＿＿＿＿＿＿＿＿＿＿，则说明制动总泵回油阀或回油孔堵塞。若此时总伴有"扑哧""扑哧"的响声，则说明制动总泵皮碗被踏翻，应疏通制动总泵回油阀或回油孔，重新装配或更换＿＿＿＿＿＿＿＿＿。

② 第二脚制动：快踏，即用脚掌快速踏下制动踏板。装有快速自锁接头的液压制动系统若出现＿＿＿＿＿＿＿＿＿＿＿＿＿＿＿＿，而快踏制动踏板时制动无效，则说明＿＿＿＿＿＿＿＿＿＿＿＿＿。这样"快踏"时，＿＿＿＿＿＿＿＿＿＿＿＿＿，制动液不能通过。遇到这种情况，应重新装配，并将来油端压紧弹簧弹力适当调低。若在"快踏"时，感觉踏板＿＿＿＿＿＿＿＿＿＿＿，而在缓慢踏下制动踏板时，感觉自由行程较大，制动无效，则说明制动总泵皮碗老化、磨损过甚。保持对制动踏板的压力不变，此时若感觉踏板在继续向下移动，则说明制动管路中有渗漏现象。先进行外部检查＿＿＿＿＿＿＿，再检查＿＿＿＿＿＿＿＿＿＿＿有无制动液漏出。若没有制动液漏出，则说明制动总泵或分泵皮碗老化破裂或被踏翻，应予以更换。

③ 第三脚制动：连踏，即连续踩踏几次制动踏板。若连续踩踏几次制动踏板，＿＿＿＿＿＿＿＿＿＿＿＿＿＿，则说明故障原因是＿＿＿＿＿＿＿＿＿＿＿＿＿＿＿＿；或者机械连接机构脱落；或者制动皮碗破裂或被踏翻。此时，应向储液室内添加制动液，疏通通气孔，更换制动皮碗。若连续踩踏几次制动踏板，踏板能升高，且制动效能有好转，则应检查＿＿＿＿＿＿＿＿＿＿＿＿＿＿＿＿＿＿＿＿。

2．制动拖滞

（1）故障现象：在汽车行驶过程中，进行一次或几次制动后，汽车起步和加速困难；汽车行驶一段路后，制动鼓发热。

（2）故障原因是什么？

① ＿＿＿＿＿＿＿＿＿＿＿＿＿＿＿＿＿＿＿＿＿＿＿＿＿＿＿＿＿＿＿＿＿。

② ＿＿＿＿＿＿＿＿＿＿＿＿＿＿＿＿＿＿＿＿＿＿＿＿＿＿＿＿＿＿＿＿＿。

③ ＿＿＿＿＿＿＿＿＿＿＿＿＿＿＿＿＿＿＿＿＿＿＿＿＿＿＿＿＿＿＿＿＿。

④ 制动总泵旁通孔回油堵塞、＿＿＿＿＿＿＿＿＿＿＿＿＿＿＿＿＿＿＿＿＿＿＿。

⑤ 制动总泵活塞回位弹簧软、＿＿＿＿＿＿＿＿＿＿＿＿＿＿＿＿＿＿＿＿＿＿＿。

（3）故障诊断排除方法有哪些？

先确定是全车制动拖滞还是个别车轮制动拖滞，再进行进一步的诊断。

如果是全车制动拖滞，则进行如下检查。

① _____。

② 打开储液室盖，连续踩踏制动踏板，观察回油情况。若回油缓慢或不回油，则检查_____

_____

_____。

如果是个别车轮制动拖滞，则进行如下检查。

① 支起拖滞的车轮，_____。

② _____。

③ _____。

3. 制动跑偏

（1）故障现象：两个前轮或两个后轮制动力不等或制动力起作用的时间不一致。

（2）故障原因是什么？

① _____。

② _____。

③ _____。

④ _____。

⑤ _____。

（3）故障诊断排除方法有哪些？

在制动时，根据轮胎拖印情况判断，拖印短或没有拖印的车轮即制动有故障的车轮。

① _____。

② _____。

③ _____。

④ _____。

 任务评价

教师及学生对本任务学习进行评价

评价内容及评分标准		自我评价（打分）	小组相互评价（打分）	教师评价（打分）
信息收集（15分）	理解任务或问题的程度（5分）			
	收集信息的完整性（5分）			
	对信息（知识）的领会程度（5分）			
制订计划（20分）	计划制订参与程度（10分）			
	计划的合理性及实用性（10分）			
修改计划（15分）	和老师讨论计划（5分）			
	和老师讨论后，是否知道如何改进计划（5分）			
	计划修改后的完整性（5分）			
实施（20分）	是否按计划进行工作（5分）			
	是否亲自实施计划（5分）			
	是否记录工作过程及结果（10分）			
检查（15分）	是否按计划的要求去完成任务（5分）			
	是否达到预期目标（5分）			
	整个工作流程是否与标准流程符合（5分）			
评价（15分）	是否按计划完成了任务或解决了问题（5分）			
	在哪个环节上可以改进（2分）			
	学习团队的合作情况（3分）			
	现场"7S"及劳动纪律（5分）			
总分（100分）				
总评				

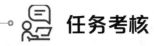 **任务考核**

鼓式制动器拆装检修考核评分表

时间：30 分钟 　　　　　　　　　　　　　　　　　　　　　任课教师签字：

序号	考核内容	配分/分	评分标准	考核记录	扣分/分	得分/分
一	考前准备（5分）	5	备齐所需的工、量具及设备			
二	鼓式制动器的拆卸（30分）	2	拧松轮胎螺栓，将车轮顶起直至离开地面			
		2	拆卸轮胎螺栓，取下车轮总成			
		2	拆卸半轴与轮毂的连接螺栓，取下半轴			
		4	拆卸锁紧螺母，取出保险垫片、调整螺母			
		6	用拉马将制动器的轮毂拉松，拿出外轴承、油封			
		4	拆卸制动蹄的回位弹簧			
		6	拆卸压紧装置、制动蹄、拉紧弹簧和调整器			
		4	拆卸内轴承、油封			
三	鼓式制动器的安装（35分）	2	清洁、检查各零部件			
		5	安装拉紧弹簧、调整器、制动蹄			
		3	安装定位弹簧、锁片、回位弹簧			
		3	安装油封、内轴承			
		8	安装制动轮毂、外轴承			
		8	安装调整螺母、保险垫片、锁紧螺母			
		3	安装制动鼓，拧紧螺栓			
		3	安装半轴，拧紧螺栓			
四	鼓式制动器的检修（20分）	17	调整制动器间隙			
		3	安装车轮，拧紧螺栓			
五	职业素养（10分）	5	课堂纪律			
		2	文明操作			
		3	"7S"管理			
合计		100				

任务
2
制动传动装置的构造与拆装检修

姓名：＿＿＿＿＿＿＿＿   班级：＿＿＿＿＿＿＿＿   日期：＿＿＿＿＿＿＿＿

复习与思考

1. 制动传动装置的作用是将驾驶员或其他动力源的作用＿＿＿＿＿＿＿＿＿＿＿＿＿，同时控制＿＿＿＿＿＿＿＿＿＿＿＿＿的工作，获得所需要的＿＿＿＿＿＿＿＿＿＿＿＿＿。

2. 补全图 5-31、图 5-32 中零部件的名称。

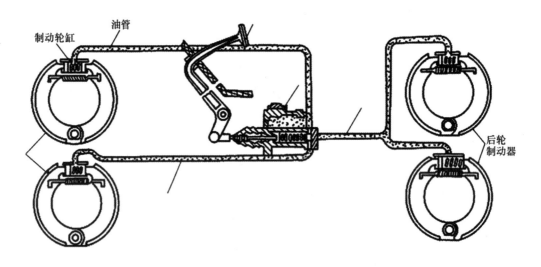

图 5-31　前盘式制动器、后鼓式制动器制动示意图

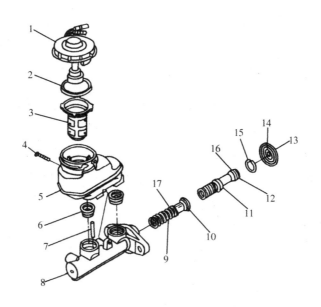

1—储液罐盖；2—储液罐密封圈；3—过滤网；4—螺栓；5—_____；6—橡胶护圈；7—_____；
8—_____；9—_____；10—压力皮碗；11—活塞皮碗；12—_____；
13—涂润滑剂处；14—推杆密封圈；15—卡簧；16、17—皮碗

图 5-32　制动总泵各零部件位置关系

3．双腔液压制动总泵的工作原理是什么？

储液罐中的油液经每一腔的空心螺栓（其内腔形成储液室）和各自的旁通孔、补偿孔流入主缸前、后腔。在主缸前、后腔内产生的液压分别经各自的出油阀和各自的管路传到前、后轮制动器的轮缸。

当不制动时，推杆球头端与活塞之间留有一定的间隙，_____

_____

_____。

当踩下制动踏板时，踏板传动机构通过推杆推动后腔活塞前移，当皮碗掩盖住旁通孔后，后腔液压升高。_____

_____

_____。

解除踏板力后，制动踏板机构、主缸前后腔活塞和轮缸活塞，_____

_____

_____。

若与前腔连接的制动管路损坏漏油，则在踩下制动踏板时，只有后腔中能建立液压，前腔中无液压。此时在液压差作用下，_____

_____

_____

_____。

若与后腔连接的制动管路损坏漏油，则在踩下制动踏板时，_____

_____

_____。

4. 简述真空助力器的检修方法。

（1）真空助力器被拆分后，全部金属零部件应用_____，通道和凹槽应用压缩空气吹干净，密封件应用酒精或制动液清洗，不得接触_____。

（2）检查阀及阀座，不应有_____。推杆及操纵杆如有磨损，应予以更换。推杆在阀体内应_____。

（3）前后壳体破裂，_____

_____

_____

_____。

5. 制动防抱死系统主要由_____等组成。

6. 简述制动防抱死系统的工作原理。

当汽车制动时，首先由_____

_____

_____

_____。

7. 在汽车行驶过程中，轮速传感器将车轮转速转变为_____传输给 ASR 电子控制器（ECU），ECU 根据车轮转速计算驱动车轮的_____，如果滑转率超出了目标范围，ECU 综合参考_____及转向信号（有的车没有）等确定控制方式，并向相应执行机构发出指令使其动作，将驱动车轮的滑转率控制在目标范围之内。

8. 驱动防滑转系统（ASR）和 ABS 一样，主要由_____、制动压力调节器等 3 个部分组成。ASR 中的_____可以是独立的，也可以与 ABS 共用，_____共用。ASR 与 ABS 的制动压力调节器也可以共用。因此通常将 ASR 和 ABS 组合在一起。

专业技能实训

一、补全双腔液压制动总泵的拆装步骤，并在实训车间完成实际操作

（1）拆卸进油螺塞，保护好密封圈，如图 5-33 所示。

图 5-33 _____

（2）拆卸出油螺塞，取出弹簧、止回密封垫圈（止回阀），如图 5-34 所示。

图 5-34 _____

（3）拆卸制动螺钉，注意保护好油封，如图 5-35 所示。

（4）拆卸定位卡簧，如图 5-36 所示。

图 5-35 _____   图 5-36 _____

（5）取出后腔活塞总成，依次拆出紧固螺钉、弹簧、弹簧座、垫片、活塞体，如图 5-37 所示。

图 5-37 _____

（6）取出前腔活塞总成，依次拆出弹簧、弹簧座、垫片、活塞体，如图 5-38 所示。

图 5-38 _____

（7）清洗所有的零部件。注意：_____
_____。

一般活塞密封件可以不拆卸，保持零部件完好、完整。

（8）装配时按拆卸的相反顺序安装。每装一个零部件都需要涂上_____。

二、补全双腔液压制动总泵的检修步骤，并在实训车间完成实际操作

（1）用量规检查_____，如没有这种量规，可将活塞放在总泵缸体中，用塞尺来检查_____。如间隙超过_____mm，则总泵必须更换。由于总泵的工作特点，活塞前端通常比后端磨损快，_____磨损快，因此在测量配合间隙时，应把活塞_____量。还应注意，_____不能相差太大，否则两个活塞产生的制动力不同会引起制动跑偏。如果缸体的内壁有_____，则必须使用细砂布（金属氧化粉）磨光，不可使用_____。如刮痕较深，则应更换总泵。

（2）检查进油管_____。

（3）检查出口塞的_____。

（4）总泵皮碗、皮圈等零部件在修理时，_____

_____

_____

_____。

（5）总泵、分泵在装配前，各零部件应用_____

_____

_____。

（6）总泵的回位弹簧_____

_____。

 任务评价

教师及学生对本任务学习进行评价

评价内容及评分标准		自我评价（打分）	小组相互评价（打分）	教师评价（打分）
信息收集（15分）	理解任务或问题的程度（5分）			
	收集信息的完整性（5分）			
	对信息（知识）的领会程度（5分）			
制订计划（20分）	计划制订参与程度（10分）			
	计划的合理性及实用性（10分）			
修改计划（15分）	和老师讨论计划（5分）			
	和老师讨论后，是否知道如何改进计划（5分）			
	计划修改后的完整性（5分）			
实施（20分）	是否按计划进行工作（5分）			
	是否亲自实施计划（5分）			
	是否记录工作过程及结果（10分）			
检查（15分）	是否按计划的要求去完成任务（5分）			
	是否达到预期目标（5分）			
	整个工作流程是否与标准流程符合（5分）			
评价（15分）	是否按计划完成了任务或解决了问题（5分）			
	在哪个环节上可以改进（2分）			
	学习团队的合作情况（3分）			
	现场"7S"及劳动纪律（5分）			
总分（100分）				
总评				

 故障诊断与排除

　　王先生最近发现他的别克轿车在行驶中，当迅速将制动器踏板踩到底时，汽车不能立即减速、停车。停车后试踩刹车踏板，刹车踏板的位置没有变化。请根据所学知识分析故障发生的原因并制定解决方案，根据方案排除故障。

 问诊

　　根据客户陈述检查各故障点并按要求填写车辆检查问诊单。

车辆检查问诊单

客户姓名		车牌号		
客户电话		车型		
维修顾问		车架号		
预计交车时间		行驶里程数		燃油表显示
外观确认：		仪表故障信息： 其他：		
客户陈述故障				
报检项目				
建议维修项目				
客户签字		维修顾问签字		

二、制定维修方案

教师将学生分成若干个小组，每组 5 人左右，每组选出一个组长，组长负责对组员进行任务分配，组员按照组长的要求完成相应的任务，并将所完成的任务内容填入个人任务工作表中。

个人任务工作表

序号	任 务	个 人 任 务	完 成 情 况	教师或组长检查结果
1	王先生最近发现他的别克轿车在行驶中，当迅速将制动器踏板踩到底时，汽车不能立即减速、停车。停车后试踩刹车踏板，刹车踏板的位置没有变化。请根据所学知识排除相关故障			
2			
3			
4			

三、填写维修卡

根据检查的结果制定维修方案并按要求填写维修卡。

维修卡

服务专员		日期		制单人员	
工单号		进厂日期		发动机号	
车主		车主电话		车架号	
地址					
车牌号		车型			
检查结果					
维修方案	1. 拆装				
	2. 维修				
	3. 更换				
维修人员签字		组长签字		指导教师签字	

四、填写维修工单

根据维修方案排除故障并按要求填写维修工单。

维修工单

服务专员		日期		制单人员	
工单号		进厂日期		发动机号	
车主		车主电话		车架号	
地址					
车牌号		预计交车时间		质检	
车型		路试		洗车	
维修类别		进厂里程		保修结束里程	
维修项目	维修内容		工时	单价	金额
1. 拆装					
2. 修复					
3. 喷漆					
4. 更换					
5. 机修					
6. 四轮定位					
客户签字		维修技师签字		洗车技师签字	
		终检签字		维修经理签字	

期末总评

任务及所占比例	项目一（5%）	项目二（45%）		项目三（10%）	项目四（10%）	项目五（30%）	总评分/分
	任务（5%）	任务1～任务2（15%）	任务3～任务4（30%）	任务1～任务2（10%）	任务1～任务3（10%）	任务1～任务2（30%）	
各项目考试分/分							
折算后得分/分							